Wir vom Zug II

Thomas Panzer

Wir vom Zug II

Retten Löschen Bergen Schützen

Bibliografische Information der Deutschen Nationalbibliothek:

Die Deutsche Nationalbibliothek verzeichnet diese Publikation in der Deutschen Nationalbibliografie; detaillierte bibliografische Daten sind im Internet über http://dnb.dnb.de abrufbar.

© 2019 Thomas Panzer

Satz, Umschlaggestaltung, Herstellung und Verlag:
BoD – Books on Demand, Norderstedt

ISBN: 978-3-7494-4009-2

Inhaltsverzeichnis

Zur Klarstellung

Der Zug II der Freiwilligen Feuerwehr Buxtehude feiert sein 125. Jubiläum. Der Festausschuss befand, dass es aus diesem Anlass so etwas wie eine Festschrift geben sollte. Da es im Zug handfeste Kameradinnen und Kameraden gab, aber Poeten fehlten, wurde der Heimat- und Geschichtsverein angesprochen. Der benannte jemanden, der ehrenamtlich die Aufgabe der Formulierung des Buches übernehmen könnte. Allerdings hatte der null Ahnung vom Feuerwehrwesen.

So versuchte er, sich schlau zu machen. Für ihn war Feuerwehr eine Einrichtung, die das Übergreifen von Feuer auf andere Gebäude verhindern sollte. Sie fuhren mit roten Wagen, Blaulicht und Musik (zwei Töne), holten ihr Rohr hervor und pieselten in die Glut. Das konnte nicht alles sein. Irgendwo mussten die Aufgaben der Freiwilligen Feuerwehr niedergelegt sein.

Satzung der Freiwilligen Feuerwehr Buxtehude: voller Vorschriften, besonders hinsichtlich der Kleidung, der Dienstgrade und der Abzeichen. Kein konkreter Hinweis auf die Aufgaben.

Also: Feuerwehrverordnung.

Verordnung über die kommunalen Feuerwehren (Feuerwehrverordnung — FwVO —)
v. 30. April 2010 (Nds. GVBl. 06. Mai 2010, S. 185)
einschließlich der Berichtigung v. 02. Juli 2010 (Nds. GVBl. S. 284) und

der Änderung der §§ 4, 6 und 13, Anlagen 4, 5, 7 und 8 durch Verordnung vom 17.05.2011 (Nds. GVBl. S. 125)
Aufgrund des § 37 Abs. 1 Nrn. 1 bis 3 des Niedersächsischen Brandschutzgesetzes (NBrand-SchG) vom 8. März 1978 (Nds. GVBl. S. 233), zuletzt geändert durch Artikel 4 des Gesetzes vom 17. Dezember 2009 (Nds. GVBl. S. 491), und des § 115 Abs. 5 des Niedersächsischen Beamtengesetzes vom 25. März 2009 (Nds. GVBl. S. 72), geändert durch Artikel 3 des Gesetzes vom 25. November 2009 (Nds. GVBl. S. 437), wird verordnet (…)

Auch dort kein Hinweis, welche Aufgaben die Feuerwehr nun in Wirklichkeit hat. Aber es gibt ein niedersächsisches Gesetz, die Freiwilligen Feuerwehren des Landes betreffend. Keine vernünftige Aufzählung der Aufgaben. Schließlich die Website von Zug II.
Dort gibt es eine Übersicht über die Einsätze. Türöffnungen fallen ins Auge.
Schließlich das Tageblatt. Die Freiwillige Feuerwehr Harsefeld feiert gerade ihr 125. Jubiläum. Eine Riesenparty mit Gesang und Tanz, 1.500 Teilnehmer.

Ergebnis der Überlegungen: Die Freiwillige Feuerwehr Zug II, eine Art Trachtenverein, bekämpft Brände, betreibt einen Schlüsseldienst und räumt auch schon mal einen Baum von der Straße. In Notfällen soll der Bürger 112 wählen (dazu ist er sogar verpflichtet). Oft kommt dann das Rote Kreuz oder ein anderer »Rettungsdienst«.
Das führt auch nicht weiter.

Ein Buch (ursprünglich als Festschrift von zehn Seiten angedacht) würde im Wesentlichen aus wohlmeinenden Grußadressen bestehen, und aus einigen Auszügen der Website.

Das entspricht nicht dem Selbstverständnis des Zuges II. Der ist es gewohnt, »Nägel mit Köpfen« zu machen. Beschluss: Wir gestalten ein »richtiges Buch«, voller Informationen über Geschichte, Menschen, Technik und Organisation des Zuges. Lesbar soll es sein, frei vom Behördendeutsch, ohne Werbung, mit interessanten Bildern. Sonst noch was? Mehr als zehn Euro darf es nicht kosten und es muss eine digitale Version für Smartphone, E-Book und Laptop geben – Preis unter fünf Euro.

Mario Stöppeler, der Zugführer, legt außerdem Wert darauf, dass es wirklich ein Buch über »Zug II« wird. Also nicht ganz allgemein »Hege und Aufzucht von Freiwilligen Feuerwehren«. Auch wichtig: Emanzipation ist ein »Fremdwort von früher«. Das Geschlecht spielt, insbesondere bei der Bezeichnung der Funktionen, keine Rolle! Anrede ist der Vorname.

Zug II beschließt, »das schaffen wir«.

Hier nun ist das Buch der besonderen Art, ein »Sachroman«, und natürlich beginnt er mit einem Glückwunsch des Bundespräsidenten. Aber dann …

BUNDESPRÄSIDIALAMT

BERLIN, 2. Januar 2019
Spreeweg 1

Geschäftszeichen: 10 -232 20-3-1/17
(bei Zuschriften bitte angeben)

Herrn
Dr. Thomas Panzer
Im Obstgarten 39a
21614 Buxtehude

Sehr geehrter Herr Dr. Panzer,

haben Sie vielen Dank für Ihren Brief vom November 2018 an Bundespräsident Frank-Walter Steinmeier. Bitte haben Sie Verständnis dafür, dass er Ihnen auf Grund der Fülle der ihn täglich erreichenden Post nicht persönlich antworten kann. Er hat darum mich gebeten, Ihnen zu antworten.

Es ist wahrlich ein besonderes Ereignis, wenn der Zug II, Altkloster, der Freiwilligen Feuerwehr Buxtehude, im nächsten Jahr das 125. Jubiläum begeht. Der Bundespräsident schätzt das Engagement der so zahlreich in den Freiwilligen Feuerwehren Aktiven. Nicht zuletzt auch deshalb nutzt er viele Gelegenheiten, um sich diesem Thema zu widmen. Erst Anfang Oktober hatte er Vertreter des Deutschen Feuerwehrverbandes zu einem Gespräch in Schloss Bellevue empfangen. Auch sind immer wieder Kameradinnen und Kameraden der Feuerwehren zu Gast bei besonderen Ereignissen des Bundespräsidenten, u. a. beim Bürgerfest und beim Neujahrsempfang.

Ihre Bitte um ein Grußwort indes kann der Bundespräsident leider nicht erfüllen. Ihn erreichen so viele Wünsche, dass er schon allein aus zeitlichen Gründen viele dieser wohlbegründeten Anfragen leider negativ bescheiden muss, auch wenn er all diesen Bitten gerne entsprechen würde.

...

Briefanschrift: Bundespräsidialamt 11010 Berlin, Internet: http://www.bundespraesident.de
E-Mail: poststelle@bpra.bund.de
De-Mail: poststelle@bpra.de-mail.de

Telefon: (030) 2000 - 0   Behördennetz: (030) 18 200 - 0   (Durchwahl: - 2152)
Telefax: (030) 2000 - 1999 Behördennetz: (030) 18 200 - 1999 (Durchwahl: - 1916)

Ich bitte Sie daher um Ihr Verständnis, dass er Ihrer freundlichen Bitte leider nicht nachzukommen vermag.

Bundespräsident Frank-Walter Steinmeier beglückwünscht schon heute den Zug II der Freiwilligen Feuerwehr Buxtehude zu seinem Jubiläum und wünscht den geplanten Feierlichkeiten gutes Gelingen. Diesem Wunsch schließe ich mich gerne an.

Mit freundlichen Grüßen
und den besten Wünschen für das Jahr 2019
Im Auftrag

Waltraud Breitenfeldt

Worum es geht ...

Die Freiwillige Feuerwehr Zug II-Altkloster feiert also ihren 125. Geburtstag. Altkloster ist ein südlicher Ortsteil von Buxtehude, eingemeindet (nicht unbedingt freiwillig) 1931. Entsprechend jetzt Zug II der Freiwilligen Feuerwehr der Hansestadt Buxtehude.

Zug II ist eine Schwerpunktfeuerwehr, die mindestens 38 Mitglieder haben muss, eine besondere Ausrüstung besitzt und neben den Aufgaben in der Gemeinde auch überörtliche Aufgaben auf Anforderung hin wahrnimmt.

Die aktiven Mitglieder von Zug II sind »Kameradinnen und Kameraden«. Ursprünglich bestand die Freiwillige Feuerwehr nur aus Männern. »Weil es sich bewährt hat«, war die Antwort auf die Frage nach dem Warum – »weil es Knochenarbeit ist«. Inzwischen sind die Kameradinnen selbstverständlich Mitglied des Zuges – aber sie arbeiten fast immer noch als »Truppmann« oder »Truppführer«. Truppfrauen? Das Besondere an Zug II ist, dass er mit der Ortsfeuerwehr Ottensen seit 1995 die Jugendfeuerwehr Estetal unterhält, die sich regelmäßig freitags zu vielfältigen Aktivitäten trifft (dazu gehört auch Lernen).

Die Aufgaben, die der Zug II erledigt, lassen sich unter den vier Begriffen:

»Retten, Löschen, Bergen, Schützen«

zusammenfassen.

Wichtigste Aufgabe ist das Retten von Menschen, die sich

in unmittelbarer Gefahr befinden. Das bedeutet, dass diese Aufgabe absoluten Vorrang genießt. Dabei wird nicht gefragt, warum ein Mensch in Gefahr geraten ist, auch nicht, ob er vielleicht bei Begehung einer Straftat in eine gefährliche Situation gerutscht ist. Also jemand, der beim Versuch, einen Außenborder von einem Boot zu klauen, im Schlamm stecken geblieben ist, wird gerettet. Die »unmittelbare Gefahr« für diesen Menschen besteht nicht darin, dass er von der Polizei festgenommen wird, sondern dass er ertrinken oder unterkühlen könnte.

Und Tiere? »Mein Hund ist eigentlich doch ein besserer Mensch.« Klar doch, auch Fiffi wird aus der Klemme geholfen. Wobei die Frage der Kosten zunächst keine Rolle spielt. Wer aber grob fahrlässig oder vorsätzlich die Feuerwehr bemüht, kann mit einer mehrstelligen Kostenrechnung der Stadt Buxtehude (der untersteht nämlich die Freiwillige Feuerwehr) beglückt werden.

Thema Rettung: Da gibt es doch die Rettungsdienste wie das Rote Kreuz, die auch ausrücken, wenn Menschen in Gefahr sind. Richtig, aber die Feuerwehr muss häufig erst »liefern«, etwa indem sie eingeklemmte Menschen aus Autos befreit, oder eingeschlossene Menschen aus brennenden Häusern. Dann tritt noch das THW auf, eine Bundesanstalt mit einer wechselvollen Geschichte – von »Streikbrecherorganisation« über »Zivilschutz« im sogenannten Kalten Krieg bis zum heutigen »Technischen Katastrophenschutz« mit vielfältigen Aufgaben. Unsere Großeltern erinnern sich noch an den »Luftschutz«. Es gibt jetzt auch eine Vereinbarung mit der Bundeswehr, hinsichtlich logistischer Unterstützung. Etwa bei

Auslandseinsätzen. »Übernahme der Feldpost und der Bargeldversorgung«. Zug II: »Die stören nicht, und manchmal ist es ganz gut, zu wissen, dass sie mit ihrer umfangreichen technischen Ausrüstung da sind.«

Löschen. Ja, auch den Durst. Im Brandeinsatz hält man nicht die Flasche mit Mineralwasser in der Hand. Trinken ist hinterher.
Das schlimmste Thema in der Brandbekämpfung heißt »Zeit«. Das Feuer wartet nicht. Es kommt auf Minuten an.
Im Alarmfall sollen sich die Mitglieder der Feuerwehr »unverzüglich« zum Gerätehaus, zu den Fahrzeugen, begeben. Hier hat Zug II die A-Karte gezogen. Es gibt nur einen kleinen Parkplatz, der sofort zugestellt wird, und wehe, auf dem nahen Schafmarktplatz findet eine Veranstaltung statt. Dann muss das eigene Auto irgendwo in der Nähe abgestellt werden, einige 100 m sind im Laufschritt zurückzulegen. Wenn nicht gerade die Straße durch eine Veranstaltung (die nahe Schule) vollgeparkt ist, braust das erste Fahrzeug wenige Minuten nach dem Alarm zur Unfallstelle – bereit zum »Schnellangriff.«

Das wesentliche Löschmittel der Feuerwehr ist Wasser. Der angehende Truppmann lernt alles über seine physikalischen Eigenschaften. Etwa, dass Wasser flüssig ist. Nur in dieser Form könne es zum Löschen verwendet werden. Wer allerdings die Schulungsunterlagen sorgfältig durchliest, kann durchaus auf den Gedanken kommen, dass die moderne Schneekanone ein vorzügliches Gerät wäre, um etwa brennende Reetdächer effektiv zu löschen.

Dem Wasser kann Schaum beigemischt werden, um einen Erstickungseffekt zu bewirken. Böse Zungen behaupten, Zug II setze bei öffentlichen Übungen rosa Schaum ein.

Wie heißt es so schön im Lied:
>>*Wasser ist zum Waschen da, falleri und fallera,*
auch zum Zähneputzen kann man es benutzen.
Wasser braucht das liebe Vieh, fallera und falleri,
selbst die Feuerwehr benötigt Wasser sehr.<<

Bergen. Es geht darum, Sachwerte aus einem Gefahrenbereich in Sicherheit zu bringen. Juristisch sind Tiere auch >>Sachen<<. Für Zug II ist das keine juristische Frage – zunächst werden Menschen gerettet, dann Tiere. Schließlich werden >>Gegenstände<< geborgen – wobei im Ernstfall keine Wertbeurteilung erfolgt. Auch alte Fotos können wertvoll für den Besitzer sein.

Schützen. Die Feuerwehr hat die Aufgabe, die Bürger vor Gefahren zu schützen. Dahinter verbergen sich so unterschiedliche Einsätze wie Beseitigung einer Ölspur, Absicherung von Unfallorten, Bereitschaftsdienst in Theatern und, ein Lieblingsthema für den Zug II, Beseitigung umgestürzter Bäume. Die fallen vorwiegend auf Straßen, Dächer, Oberleitungen der Bahn und Autos. Besonders bei Gewitter. Zug II lehnt daher Gewitter strikt ab.
Auch Bäume, die stehen bleiben, sind ein >>beliebtes<< Hindernis für rasende, bekiffte und betrunkene Autofahrer.
Zum >>Schützen<< gehört auch, die Befolgung der Brandschutzgesetze und Brandschutzverordnungen zu überwa-

chen. Aber das erledigt weitgehend die Bauaufsichtsbehörde. Kein Stress für Zug II.

Was ist nun das Besondere an Zug II? Prompte Antwort: »Dass wir eigentlich ein ganz normaler Schwerpunktzug sind.« Es gibt doch diesen Spruch, der zumindest bei offiziellen Anlässen verwendet wird: »Gott zur Ehr – dem Nächsten zur Wehr.« Tja, darüber haben sie im Zug II wenig nachgedacht. Wenn es denn unbedingt ein Slogan sein muss: Frei nach dem ZDF, »Mit dem Zweiten löscht man besser!«

Die Geschichte der
Freiwilligen Feuerwehr Buxtehude

Zug II, Altkloster

1894. Das Jahr bietet eine Reihe geschichtlicher Ereignisse: Nach zehnjähriger Bauzeit wird das Reichstagsgebäude eingeweiht, in Paris wird das Internationale Olympische Komitee gegründet, Chicago meldet einen Großbrand im Rahmen der »Pullman-Aufstände« der Arbeiterschaft und die Türken beginnen eine Offensive gegen die Armenier.

»... Am Fenster stehen, im Sinne von Goethes Faust ein Gläschen Roten trinken, wenn hinten, weit in der Türkei, die Völker aufeinanderschlagen, das wär's. Aber ich soll eine Feuerwehr gründen«, denkt Direktor Ferdinand Kück: so die Vorgabe der Geschäftsführung.

Die Papierfabrik Winter verfügte über eine Werkfeuerwehr, die auch der Gemeinde Altkloster im Falle von »Schadensfeuern« zur Verfügung stand. Aber das reichte nicht aus, inzwischen bestand Altkloster aus 1700 Einwohnern, eine Gemeindefeuerwehr war fällig. Die Nachbarstadt Buxtehude besaß eine Freiwillige Feuerwehr seit 1868, die Papierfabrik Winter hatte sie auch mit Geldbeträgen unterstützt – insbesondere wenn die gelbschäumenden Abwässer der Papierfabrik mal wieder die Este in Buxtehude verschandelten.

Das Geld könnte in der Gemeinde bleiben. Also Gründung einer Freiwilligen Feuerwehr. Die brauchte eine Struktur und eine Satzung, natürlich auch Mitglieder. Die Gemeinde Harsefeld, knapp 10 km entfernt, hatte im Vorjahr eine Freiwillige Feuerwehr gegründet. Deren Satzung schien geeignet. Zumindest die Pflichten der Mitglieder waren umfassend geregelt. Ungehorsam wurde mit Strafen geahndet, ein Ehrengericht konnte sie aussprechen.

Eine Gründungsversammlung wurde einberufen. So versammelten sich am 23. August 1864 im Gasthaus von Christian Fick viele Interessierte. 35 von ihnen gründeten die Freiwillige Feuerwehr Altkloster. Das Ereignis wurde reichlich begossen, Gastwirt Christian Fick, der auch zu den Gründern gehörte, gab eine Runde aus.

Als Schreiber war in den der Gründungsversammlung vorangegangenen Zusammenkünften Herr Peter Engelken bestimmt worden. Er konnte nun protokollieren:

»Nachdem die Gemeindevertretung sich hat bereitfinden lassen, zwecks Deckung der Kosten die erforderlichen Schritte einzulenken, ist, wie die nun zunächst folgenden Aufzeichnungen aus den Verhandlungen besagen, somit die Gründung der Freiwilligen Feuerwehr gelungen. Möge der Verein blühen, wachsen und gedeihen, möge er seine Aufgabe, Leben und Eigentum der Bewohner von Altkloster und Umgebung zu schützen, voll und ganz erfüllen.

Eine ehrenhafte Kameradschaft und Gesinnung möge seine Mitglieder leiten, die sich mit Herz und Hand

<u>Gott zur Ehr – dem Nächsten zur Wehr</u>

für den Dienst der guten Sache, der Menschenliebe, stellen.«

So steht es auf dem in feiner Sütterlin-Schrift geschriebenen Dokument im Stadtarchiv der Stadt Buxtehude. Was dort nicht steht, ist ein Bericht über die monatelangen Verhandlungen und Diskussionen um die Finanzierung der Freiwilligen Feuerwehr. Die stand auch bei der Gründung noch nicht fest. Wie Herr Engelken schrieb, hatte sich die Gemeindevertretung nur bereit erklärt, »die erforderlichen Schritte einzulenken«. Heutzutage würden Politiker sagen, dass die Angelegenheit geprüft würde. Für die Freiwillige Feuerwehr Altkloster hieß es, weitgehend selbst für die Finanzierung zu sorgen.

Die Papierfabrik spendete 150 Mark, die Brandkasse in Hannover beteiligte sich, die Gemeinde nahm einen Kredit auf. Eine Sammlung in der Gemeinde ergab 460 Mark. So konnte die nötige Grundausrüstung, einschließlich der für notwendig erachteten Uniformen, beschafft werden.

Damit nicht genug, irgendwo sollten die Geräte auch aufbewahrt werden. Ein Feuerwehrhaus musste her. Es gab eine Art Ausschreibung. Die gewann der Maurermeister Janke, der auch Mitglied der Feuerwehr war und wusste, was die Feuerwehr benötigte – unter anderem einen Schlauchturm, in dem die nach einem Einsatz verschmutzten und dann gereinigten Schläuche trocknen konnten. Seinem handschriftlichen Angebot fügte er einen auf Pergament gezeichneten Grund- und Aufrissplan bei. Das Gerätehaus wurde noch im Jahre 1894 errichtet. Als Zugeständnis an die Gemeinde gab es einen Raum für Absperrgitter, die einmal im Jahr für den sechswöchigen Schafsmarkt gebraucht wurden.

Die ersten Jahre nach der Gründung verliefen »normal«: Die Freiwillige Feuerwehr Altkloster rückte aus, wenn sie gerufen wurde. Das geschah mit der Fabriksirene und mit einem

Signalhorn, von einem Melder geblasen. Größere Einsätze ergaben sich in den Nachbargemeinden, wo man die Freiwillige Feuerwehr Altkloster mit ihren beiden Handspritzen gern als Hilfe akzeptierte.

1909. Es wurde zum ersten Mal ein richtiges Stiftungsfest ausgerichtet. Ein Umzug wurde geplant, ein Festball selbstverständlich auch. Recht realistisch achtete man darauf, die Mannschaften für die Feierlichkeiten fit zu halten. So gab es für den Festzug bei Kamerad Augustin im Erlenhof eine »Einkehr«, um die Ermüdeten wieder zu stärken. Um 17:00 Uhr war dann eine gemeinschaftliche Vesper bei Hein Garbers vorgesehen. So gestärkt konnte um 19:00 Uhr der Festball im Peters'schen Gasthaus, dem Waldschloss, beginnen. Eintrittsgeld: Damen 0,20 Pfennig, Herren 0,30 Pfennig. Tanz für Herrn eine Mark. Zu lesen im Protokollbuch.

1911 dann die große Bewährungsprobe. Die Stadt Buxtehude brannte. Die Freiwillige Feuerwehr Altkloster trug mit der Buxtehuder Feuerwehr die Last der ersten Stunden. Das Feuer war mittags ausgebrochen, erst am späten Nachmittag trafen mit einem Sonderzug die Dampfspritzen aus Hamburg ein. Bis dahin musste die Feuerbekämpfung mit den Handdruckspritzen erfolgen – bei der herrschenden Hitze eine mörderische Aufgabe. Eine Pause konnten sich die Männer nicht gönnen. Als am späten Abend das Feuer weitgehend gelöscht war, rückten große Teile der auswärtigen Feuerwehren wieder ab. Die Freiwillige Feuerwehr Altkloster und die Buxtehuder Feuerwehr hatten noch die Nacht über zu tun, Brandnester zu löschen. Soweit die Fakten.

Ein Montag im August. Hochsommerlich heiß war's an diesem Tag. Carl Paulussen, genannt »Kuddel«, konnte nicht einschlafen. Nachtschicht hatte er geschoben am »Holländer« in der Papierfabrik, sie hatten in diesen Wochen mal gut zu tun. Die Sonderschichten waren eine willkommene Gelegenheit gewesen, die häusliche Kasse etwas zu füllen. Wären da nicht die beiden Brände in Buxtehude, Brandstiftung wahrscheinlich, zumindest vorhergesagt. Für den heutigen Tag hatte es eine weitere Vorhersage gegeben.

Kuddel blinzelte zum Wecker. Gleich zwei Uhr. Das Signalhorn schreckte ihn auf. Feueralarm. Er fuhr in die Hose, angelte nach den Schuhen, rief nach seiner Frau. Die füllte die Blechflasche mit Wasser, reichte ihm seinen Helm, drückte ihn. »Komm heil wieder!«

Feuerwehrhauptmann Garbers gelangte als Erster zum Spritzenhaus, schloss auf und wartete so ruhig wie möglich auf den Steiger, der mit den Pferden von der Papierfabrik heraufkommen sollte. Inzwischen wies er die eintreffenden Mannschaften ein und schickte den Melder zurück nach Buxtehude. »Wir kommen.«

Als die beiden Züge mit den Spritzenwagen angeschirrt waren, gab er den Befehl zur Abfahrt. Im Galopp ging es über die Hauptstraße zum Bahnübergang, dann die Bahnhofstraße Richtung Altstadt, in die Lange Straße hinein. Menschen hasteten hin und her, Pferdewagen kamen ihnen entgegen, auch ein Automobil.

»Nimm mal das Horn, Kuddel, und lauf voraus, ist ja kein Durchkommen hier.«

»Voraus laufen, Horn blasen!«, wiederholte Kuddel den Befehl. An der Ecke Breite Straße empfing sie der Buxtehuder Stadtbrandmeister.

»Moin, ihr seht selbst, was hier los ist, Löschangriff an den Häusern da unten. Müsst aufpassen, da gibt es immer noch Verrückte, die aus brennenden Häusern ihre Plünnen retten wollen.«

Zugführer Garbers orderte einen Spritzenwagen zum Fleet. »Ihr seht zu, dass wir genug Wasser kriegen. Spritzenzug zwei mit mir vor das Haus da, bei dem schon der Dachstuhl qualmt.«

Inzwischen war das Gespann mit dem Schlauchwagen eingetroffen. Der Zugführer feuerte seine Mannschaft an: »Macht hinne, Jungs, wir werden gebraucht.«

Nach ein paar Minuten kann die Rückmeldung, dass die Schläuche verlegt waren.

»Spritze eins zum Löschen weißes Haus – vor!«

»Spritze eins, Haus löschen – vor!«, wurde der Befehl wiederholt.

Jeweils acht Männer an den Enden bewegten die Pumpenschwengel auf und nieder. »Und Zug – und Zug – und Zug – und Zug!«

Schnell kam die Pumpmannschaft in einen gleichmäßigen Rhythmus, der Angriffstrupp drang mit dem Strahlrohr in das Haus ein. Nach ein paar Minuten kehrte er zurück, hustend und spuckend. »Hat keinen Zweck mehr, da richten wir nichts aus.«

Aus dem nächsten Haus kam der Melder zurück: »Keine Personen mehr im Haus, Dachstuhl hat Feuer gefangen.«

Es half nichts, Haus für Haus mussten sie aufgeben.

Die Hitze machte der Mannschaft zu schaffen. Der erste

Mann an der Pumpe machte schlapp. Fiel einfach um. Kuddel, der eigentlich zum Schlauchtrupp gehörte, wurde an den Schwengel beordert. Dabei wollte er gerade eine kurze Pause machen, sie hatten viel Arbeit mit den Schläuchen, weil immer wieder mal einer platzte.

Im Laufe des Nachmittags traf Hilfe ein. Zunächst die Dampfspritze aus Jork, dann eine aus Harburg, schließlich, mit Sonderzug, eine Dampf- und eine Motorspritze aus Hamburg. Der Hamburger Branddirektor übernahm die Leitung, die Freiwillige Feuerwehr Altkloster erhielt die Aufgabe, Brand- und Glutnester zu bekämpfen. Das bedeutete Standortwechsel. Kuddel, vom Pumpen restlos erschöpft, wurde wieder dem Schlauchtrupp zugeteilt. »Ich muss mal aus der Hose«, meldete er sich beim Truppführer.

»Ich auch. Fass da mal mit an. Der Saugschlauch und das Sieb müssen ausgewechselt werden. Sieh zu, dass das dreckige Sieb nicht wegkommt, wird bestimmt noch gebraucht.«

»Saugschlauch und Sieb wechseln«, wiederholte Kuddel den Befehl. »Und was ist mit meinem ...«

»Pinkel in die Hose.«

»Jawohl! In die Hose pissen!«

In den Abendstunden schien das Feuer unter Kontrolle. Zwar waren 19 Häuser und auch das Rathaus völlig zerstört, aber ein Übergreifen des Brandes hatte verhindert werden können. Die Hamburger Feuerwehr rückte ab, eine Dampfspritze blieb in Reserve. Der Brandmeister von Buxtehude übernahm wieder. »Pause?«, fragte ihn Hauptmann Garbers.

»Keine Chance. In den Futtervorräten gibt es jede Menge Glutnester. Ihr übernehmt die Hinterhöfe der Breiten Straße, die ersten fünf Häuser vom Fleet aus.«

Zugführer Garbers sorgte dafür, dass seine Männer, jeweils einzeln, kurz abgelöst wurden. Bewohner hatten Essen und Bier gespendet. Aber immer wieder ertönte »Feuer!«.

Die Uhr auf Sankt Petri zeigte halb acht, als der erlösende Befehl kam: »Wasser halt!« Eine Stunde später traf Kuddel zu Hause ein. »Du stinkst fürchterlich«, empfing ihn seine Frau. »War es schlimm?«

»Ziemlich – aber egal. Ich glaube, ich muss erst mal pennen.«

Kuddels Frau schüttelte den Kopf. »Wasch dich und zieh dir was anderes an. Vom Werk war schon zweimal einer da – ein Dampfventil ist undicht.«

1915. Heinrich Zeigert, gerade gewählter »1. Hauptmann«, saß in seiner Werkstatt und wartete auf seinen ebenfalls auf der Hauptversammlung bestellten Stellvertreter Friedrich Riebe.

Gut ein Jahr dauerte jetzt dieser Krieg. Mann für Mann wurden die kräftigsten Männer aus der Gemeinde eingezogen, Pferde auch. Inzwischen waren selbst Materialien für die Feuerwehr knapp geworden. Die Papierfabrik stöhnte ebenfalls über den Mangel an Kohlen und Rohmaterial. Sie konnten kaum noch liefern, die Kundschaft lief ihnen davon.

Stellvertretender Hauptmann Riebe erschien.

»Moin Moin, Glückwunsch zum Ersten Hauptmann. War

aber eigentlich klar, du bist ja schon ein paar Jahre dabei und dein Einsatz beim großen Brand in Buxtehude ist ja auch unvergessen.«

»Ist gut. Aber wir müssen uns Gedanken machen, wie es weitergehen soll. Das Werk arbeitet nur noch mit halber Kraft – Kohle fehlt, Rohmaterial auch. Den Chlorkalk haben sie gestrichen – wird gebraucht, um Chlorgas herzustellen. Jetzt wird Press-Stroh getrocknet. Daraus macht man dann Ersatzfutter für das Vieh. Hätten die Männer auch gern. Nur Steckrüben als Hauptmahlzeit reichen auf die Dauer nicht. Und für Extrakäufe reicht auch das Geld nicht. Reicher Buxtehuder müsste man sein. Aber wir wollen nicht jammern.«

»Sollten wir aber. Zumindest bei der Werksleitung. Die machen Schwierigkeiten bei den Pferden. Wir kriegen für Einsätze im Ort nur noch vier, sechs brauchen wir. Außerdem haben wir nicht mehr genug trainierte Leute. Die vom Hilfskorps sind zum Teil Beamte aus der Verwaltung. Kannste knicken.«

Hauptmann Zeigert nickte. »Genau deswegen sitzen wir hier zusammen. Aber erst mal das Positive: Technisch sind wir auf einem guten Stand. Mit zwei Spritzen, einer Schlauchkarre, der neuen Hydrantenkarre und dem Gerätewagen können wir schon was ausrichten – umso mehr, als wir zumindest im Kern der Gemeinde funktionierende Hydranten haben.«

»Stimmt. Also Personal. Besonders für die Spritzen.«

»Wir haben noch fast zwei Dutzend Aktive. Für jedes Gerät bilden wir einen Zug. Für die Große Spritze machst du den Zugführer. Für die andere Spritze denke ich an Paulussen. Bei dem besteht auch nicht die Gefahr, dass man ihn wieder einzieht.«

»Wie bitte?« Riebe schüttelte den Kopf. »Er hat ein Holzbein. Außerdem ist er vom Fleisch gefallen, wiegt keine 70 Kilo.«

»Brutto oder Netto? Die Prothese.«

»Egal. Aber wenn ich es recht bedenke, er könnte auf der Spritze mitfahren, vor Ort muss er ja nicht unbedingt viel laufen. Einverstanden.«

»Die Schlauchkarre.«

»Stinke-Paul. Paul Dammann. Der hat Angst vorm Wasser. Deshalb ist er ja auch bei der Feuerwehr. Sein Schwiegervater ist Schlachter. Zur Not zieht Paul die Schlauchkarre auch ohne Pferde. Ganz abgesehen davon, dass er auch mal drei Schlauchkörbe gleichzeitig schleppt. Zusammen mit Kumpel Schluckvieh sind sie ein idealer Schlauchtrupp. Und auf den müssen wir uns ja verlassen können.«

»Hat Feuerwehrmann Schluckvieh auch einen richtigen Namen?«

»Erkens, Martin Erkens.«

Hauptmann Zeigert notierte den Namen. Auch für die Hydrantenkarre und den Gerätewagen einigten sich der Hauptmann und sein Stellvertreter bald.

»Auf in den Kampf mit der Werksleitung und dem Gemeinderat. Denen muss ich jetzt noch klarmachen, dass wir auch formal keine Werksfeuerwehr mehr haben. Außerdem müssen die Herren vom Pflichtkorps erheblich Feuer unter den Mors kriegen. Wozu gibt es Strafen bei Verweigerung?«

1917. Die Vereinigten Staaten treten in den Ersten Weltkrieg ein. Der russische Zar Nikolaus II. wird durch die Februarrevolution gestürzt. Deutschland erklärt den uneingeschränkten

U-Boot-Krieg. Die Materialschlachten in Frankreich fordern mehr als eine Million Tote.

Aufgrund vielschichtiger Erscheinungen, die dem Jahr 1917 insgesamt Zäsurcharakter verleihen, wird es auch als Epochenjahr bezeichnet. Das gilt ebenfalls für die Freiwillige Feuerwehr Altkloster: Die Papierfabrik Winter brennt ab.

»Hiiiiii! – Hiiiiii! – Hiiiii!« Brandsignal mit der Dampfpfeife der Fabrik. Hauptmann Zeigert springt aus dem Bett, zieht sich an, hastet los. Halb eins ist es, die Nacht zu Himmelfahrt.

Im Eichholz kommt ihm schon die kleine Handdruckspritze entgegen, gezogen vom besagten »Stinke-Paul«.

Zeigert hält Zugführer Paul Dammann an. »Zurück zum Gerätehaus. Kümmere dich um deinen Schlauchkarren. Wenn du drei Mann zusammen hast: aufsitzen und Abmarsch. Ein Pferd kriegst du. Ihr fahrt gleich zur Werkseinfahrt, wartet auf die Hydrantenkarre, Bereitschaft.«

»Aufsitzen, drei Mann, Abmarsch, Werkstor, Hydrantenkarre, Bereitschaft.« Zugführer Dammann zeigt, dass er verstanden hat, und läuft zurück.

Zwei Mann erscheinen, führen nur drei Pferde mit sich. Der Hauptmann ordert je ein Pferd zu den Spritzen und zum Schlauchwagen. Im Galopp geht es hinunter zum Werk. Absitzen, ausschirren, zurück zum Gerätehaus. Im Laufschritt.

Als der Hydrantenzug eintraf, lagen schon die Schläuche für die Spritzen. Der Hauptmann wartete bis zur Meldung »Spritze 1 einsatzbereit«.

»Vorrücken bis zur Brandstelle Maschinenhalle. Dann Wasser marsch!«

Spritze 2 wurde zur anschließenden Halle mit dem großen Papierholländer, der zentralen Papiermaschine, beordert. Die vor allem musste geschützt werden.

Das Feuer breitete sich schnell aus: Die überall lagernden Pakete mit vorgepresstem Stroh gaben reichlich Nahrung. Sie waren kaum zu löschen. Die Fabrikhallen brannten nieder.

Der Gemeindevorsteher hatte Hilfe aus Hamburg angefordert. Gegen Morgen trafen aus Hamburg zwei Dampfspritzen ein. Sie konnten nur verhindern, dass der Brand sich weiter ausdehnte. Die Schmiede wurde gerettet und das Direktionshaus.

Als es hell wurde, rückten die Dampfspritzen ab. Hauptmann Zeigert, als Einsatzleiter, entließ auch die Wehren aus Apensen und Buxtehude. Zugführer »Kuddel« hinkte heran und meldete seinen Spritzenzug ab.

»Zug II, kleine Handdruckspritze, aufgesessen zum Abmarsch. Wenn wir ein Pferd kriegen.«

Der Hauptmann zeigte auf das linke Bein von Kuddel, das seltsam verdreht aus dem zerrissenen Hosenbein ragte. »Und das da?«

Kuddel versuchte, Haltung anzunehmen. »Dachbalken Maschinenhalle. Fiel unvorschriftsmäßig nach außen. Bedrohte Spritzenschlauch.«

»Scheun' Schiet«, befand Hauptmann Zeigert. »Mit dem Geld, was es als Ersatz gibt, kriegt man keine neue Prothese.«

»Macht nix, Her Hauptmann. Auf dem Gelände habe ich ein paar Sachen gefunden. Die reichen für ein selbstgebautes Kunstbein«, grinste Zugführer Dammann.

Im Gerätehaus saßen sie noch zusammen, Stinke-Paul hatte

über seinen Schwiegervater einen Kasten Bier und, oh Wunder, auch eine grobe Mettwurst beschafft.

Hauptmann Zeigert hob seine Flasche. »Danke, Leute. Wie unsere Kameraden im Feld, habt ihr alles gegeben. Gott zur Ehr – dem Nächsten zur Wehr!«

Ihm war, als ob etwas in seine Augen geflogen wäre. Mit dem Ärmel seiner Jacke wischte er die Tränen weg.

1919. Das 25. Jubiläum stand an. Viel zu feiern gab es nicht, fanden einige Mitglieder. Hauptmann Zeigert hielt dagegen: »Ich weiß, dass viele Kameraden keine Arbeit mehr haben, es einigen richtig schlecht geht. Ich weiß auch, dass die Fabrik ums Überleben kämpft, genauso wie die Gemeinde. Aber wir haben den Krieg überstanden, sind auch ausgerückt, als unsere Mägen schmerzten, weil sie leer waren. Wir haben 25 Jahre durchgehalten. Also feiern wir – auch wenn wir kein Geld haben.«

Die Vereinskasse war tatsächlich fast leer. Es reichte für den Kaffee, den die aktiven Mitglieder, das Ehrenmitglied Garbers und der Gemeindevorstand erhielten. Für die anderen berechnete Gastwirt Peters einen Freundschaftspreis von 1,25 Mark.

»Es besteht Gelegenheit, mitgebrachten Kuchen zu verzehren«, ließ er seine Gäste wissen.

Hauptmann Zeigert spendierte seinen fünf Zugführern einen Schnaps. »Auf die nächsten 25 Jahre! Schlimmer kann es ja nicht kommen.«

Es kam schlimmer.

1922. Die große Geldentwertung, die Inflation. Mitte November wurden die Beiträge für Aktive und Passive auf 50 Mark festgesetzt – in der Hauptversammlung wurde auch gesammelt: 16 360 Mark kamen zusammen.

1923. Im Februar wurden die Beiträge auf 300 Reichsmark für die Aktiven und 500 Reichsmark für die Passiven angehoben. Die verzeichneten Einnahmen und Ausgaben betrugen fast 65 000 Reichsmark.

Handeln war angesagt, befand Hauptmann Zeigert. Eine süddeutsche Feuerwehr wollte ihr Geld loswerden. Für 87 000 Reichsmark verkaufte die Feuerwehr alte Schläuche und die Metz'schen sowie König'schen Kupplungen. Gleichzeitig erwarb die Feuerwehr Storzkupplungen, die ein sehr schnelles, »narrensicheres« Verbinden von Schläuchen erlaubten.

Vielleicht hätte der Feuerwehrhauptmann den Gemeinderat vorher um Erlaubnis für diese Handlung bitten sollen. Aber die fortschreitende Geldentwertung machte die Frage von 1 000 Reichsmark hin oder her überflüssig. Der Beitrag wurde im Juli auf 500 Reichsmark, im Oktober auf eine Million halbjährlich erhöht. So konnten drei Kameraden an einem Führerkurs in Bremervörde teilnehmen. Die Gemeinde zahlte 65 Millionen Reichsmark Reisespesen. Die Geldentwertung machte Milliardensprünge.

Billionenschwere Vermögen verdampften förmlich mit der Einführung der Rentenmark. Zum Jahresende vermeldete der Kassenwart ein Vermögen von einer Flasche Rum, sieben Paketen Streichhölzern und einer halben Kiste Zigarren. Langsam berappelte sich die Freiwillige Feuerwehr Altkloster. Nicht so die Papierfabrik. Mit dem Konkurs 1925 war nicht nur deren Schicksal, sondern auch das der Gemeinde

Altkloster besiegelt. 315 neue Arbeitslose waren zu versorgen.

Für Hauptmann Zeigert häuften sich die Probleme. Die politischen Auseinandersetzungen nahmen hässliche Züge an. Mit der Weltwirtschaftskrise stieg ab 1929 die Arbeitslosigkeit, die Buxtehude weniger, Altkloster allerdings erheblich bedrängte. Den wenigen Handwerkern stand eine große Arbeiterschaft gegenüber, die sich zunehmend radikalisierte. Nationalsozialisten auf der einen, Kommunisten und Sozialdemokraten auf der anderen Seite kämpften in Saalschlachten gegeneinander. Entsprechend hatte der Hauptmann zum Wochenbeginn häufig eine Truppe von im wahrsten Sinne des Wortes »angeschlagenen« Aktiven zu befrieden. Es war recht schwierig, die sprichwörtliche Kameradschaft der Freiwilligen Feuerwehr Altkloster aufrechtzuerhalten, wenn in einem Zug sowohl Mitglieder der NSDAP als auch der KPD oder SPD zusammen üben und löschen sollten.

Die finanziellen Schwierigkeiten der Gemeinde betrafen auch die Freiwillige Feuerwehr. Zwar hatte man 1928 noch eine Leiter von Magirus erwerben können, aber der Reparatur- und Erneuerungsbedarf stieg. Eine Motorspritze war fällig. Maschinist Müsing beantragte auf der Hauptversammlung 1930 den Ankauf einer Motorspritze. Der Antrag wurde angenommen.

Eine Sammlung in der Gemeinde ergab immerhin einen Betrag von 755 Reichsmark. Man wurde beim Landrat vorstellig, schrieb an die Landesbrandkasse, erhielt positiven, aber vagen Bescheid. In der Hauptversammlung am 24. Januar 1931 wurde die Motorspritze bestellt. Sie wurde am

20. März geliefert. Die feierliche Abnahme der Motorspritze nahm volksfestartigen Charakter an. Die Stimmung war hervorragend, wäre vielleicht nur zu steigern gewesen, wenn man gewusst hätte, wie man die Spritze bezahlen könnte. Aber wie gesagt, die Stimmung war »bombig«.

1931. Die Bombe platzte zwei Wochen später. Mit Wirkung vom 1. April wurde Altkloster von Buxtehude aufgrund eines Reichsgesetzes eingemeindet. Das Erste, was das Kommando der Freiwilligen Feuerwehr Altkloster erfuhr: Nicht nur die Gemeinde Altkloster war aufgelöst worden, sondern auch die Freiwillige Feuerwehr.
Auf der Hauptversammlung am 24. Januar wurde nicht nur eine Motorspritze bestellt. Heinrich Zeigert trat nach 16 Jahren als Hauptmann aus Altersgründen von diesem Posten zurück. Er wurde spontan zum Ehrenhauptmann ernannt. Die Wahl eines neuen Hauptmanns stand an.
1. Hauptmann wurde Paul Becker, 2. Hauptmann Karl Schumann. Unstreitig wurde der Maschinist Müsing zum Spritzenmeister gewählt.
Am 9. April wurde die Gemeinde Altkloster in die Stadt Buxtehude integriert. Das war schon 1930 in Berlin vom Staatsrat beschlossen worden. Befragt wurden weder Bürger von Buxtehude noch Altkloster. Die Beteiligten hatten sich auch lange gegen die Vorlage im Landtag gewehrt – die Eingemeindung wollte »eigentlich« keiner. Altkloster, ursprünglich die Urgemeinde von Buxtehude, verschwand einfach.
Buxtehude erhielt gut 3 000 neue Einwohner und einen Haufen Schulden. Ebenfalls eine Feuerwehr mit einer modernen Motorspritze, die nicht bezahlt war. Der Bürgermeister von

Buxtehude, gestützt auf den Rat der Stadt, entschied zunächst mal, dass die Freiwillige Feuerwehr aufzulösen wäre. Die Kommission des aufgelösten Gemeinderates von Altkloster machte den Buxtehudern klar, dass man die Motorspritze mit Verlust verkaufen würde und im Übrigen die Mitglieder der Feuerwehr bisher freiwillig ihren Dienst versehen hätten …

Ergebnis der zähen Verhandlungen: Die Freiwillige Feuerwehr Altkloster blieb zunächst unter dem Namen »Freiwillige Feuerwehr West« erhalten. Die Buxtehude Feuerwehr erhielt den Namen »Feuerwehr Ost«. Im Amt hatte man den Stadtplan um 90° verdreht, geographisch korrekt hätte es »Nord« und »Süd« heißen müssen. Schließlich einigte man sich darauf, der Freiwilligen Feuerwehr Altkloster eine gewisse Selbstständigkeit zu gewähren. Sie wurde dem Stadtbrandmeister Köpke als »Löschzug« unterstellt.

Die Gliederung: Paul Becker wurde Oberbrandmeister und Karl Schumann sein Stellvertreter. So beschlossen auf einer Versammlung im Januar 1932. Gleichzeitig wurde die Freiwillige Feuerwehr Altkloster in den ersten Zug unter Brandmeister Fritz Lohse (Motorspritze und Leiterwagen) und den zweiten Zug (beide Schlauchwagen) unter Brandmeister Bremer gegliedert. Außerdem gab es noch einen Rettungswagen. Damit war die Motorspritze immer noch nicht finanziert. Aber immerhin waren in einer Haussammlung 363 Reichsmark zusammengekommen. Auch die Stadt Buxtehude hatte 500 Reichsmark beigesteuert, sodass im Januar 1933 nur noch eine Restschuld von 350 Mark zu Buche stand. Das gab dem Vorstand Auftrieb. Es wurde ein Pkw Buick, Baujahr 1927, für 150 Reichsmark erworben. Der Stadtkämmerer maulte, Handwerker der Freiwilligen Feuerwehr bauten das Fahrzeug zu einem Zugwagen für die Motorspritze um. 1951 wurde er verkauft.

Inzwischen war mit der Ernennung von Adolf Hitler zum Reichskanzler des Deutschen Reiches am 30.1.1933 die Zeit gekommen, an die sich unsere Eltern und Großeltern nur ungern erinnern bzw. erinnern lassen. 1934 trat das Preußische Feuerlöschgesetz in Kraft. Die Freiwilligen Feuerwehren wurden »gleichgeschaltet« (so der ideologische Ausdruck) und der örtlichen Polizeibehörde unterstellt. Letztlich unterstanden sie dem Reichsführer SS. Die Übungsabende wurden durch Vorträge zum Verständnis der nationalsozialistischen Idee bereichert. Die Freiwillige Feuerwehr, als Unterorganisation der Polizei, übte auch das Exerzieren.

1934. Auf der Hauptversammlung, am 13. Januar, fanden keine Vorstandswahlen mehr statt. Es wurden die Feuerwehren Buxtehude Ost und Buxtehude West zur »Freiwilligen Feuerwehr Buxtehude« zusammengefasst. Dabei bildete Altkloster einen »Normalzug II« mit 35 Mann und Motorspritze sowie den »Halblöschzug 4« mit 27 Mann und Handdruckspritze. Es wurden Führer ernannt: Oberbrandmeister Becker, Brandmeister Lohse, fünf Löschmeister, darunter auch Kamerad Müsing. Spritzenmeister wurde ein August Zeigert. Im Oktober gab es im Lokal »Hohe Luft« die Feier zum 40-jährigen Bestehen der Feuerwehr. Die Aktiven und ihre Gäste erhielten Freibier und 100 Zigarren.

Oberbrandmeister Becker konnte die Feier nicht so recht genießen. Fast ein Dutzend seiner Männer waren nach und nach von der Gestapo verhaftet worden. Als ehemalige

Mitglieder der verbotenen SPD oder KPD wurden sie automatisch als »Volksverhetzer« und »Saboteure« angesehen.

1936. Das längst fällige neue Gerätehaus wurde fertiggestellt. Die Feuerlöschpolizei, wie sie nun auch genannt wurde, erhielt blaue Uniformen. Ein Teil der Mannschaften wurde zum Arbeitsdienst und zum Wehrdienst einberufen. Die Polizeibehörde achtete jedoch darauf, dass genügend »Feuerlöschpolizisten« zur Verfügung standen.

1939. Ein Dienstagabend, Anfang August 1939:
»Stillgestanden!«
Wehrführer Köpke übernahm.
»Guten Abend, Männer!«
»Guten Abend, Wehrführer«, schallte es zurück.
»Rechts – um! Im Gleichschritt – marsch!«
»Ein Lied, zwo, drei, vier!«
»Es zittern die morschen Knochen – der Welt vor dem großen Sieg ...«

Der Kriegsbeginn am 1. September brachte zunächst keine wesentlichen Veränderungen für die Feuerwehr. Die »Feuerwehr-HJ«, 14-bis 18-jährige Jungen, wurde zunehmend in die Übungen miteinbezogen – marschieren und richtig grüßen konnten sie ja schon.
»Die Augen – geradeaus!«
Hauptmann Becker machte kehrt, schritt auf den Stadtbrandmeister Köpke zu, salutierte und meldete: »Normal-Zug II mit 33 Mann, Halbzug IV mit 21 Mann, zur Übung angetreten!«

Hauptmann Becker machte kehrt, ging zu seinem Zug zurück.

1941. Mit dem Beginn des Russlandfeldzuges verschärfte sich die Personalsituation, und das umso mehr, als die Feuerwehr zunehmend Luftschutzaufgaben wahrnehmen musste. Die Polizeibehörde sah vor, auch ältere Männer wieder in den Dienst der Feuerwehr einzuberufen. Zumindest wurde das Prinzip der Freiwilligkeit weitgehend aufgehoben.

Die dreitägige Bombardierung Hamburgs im Juli 1942 mit riesigen Bränden veränderte die Situation der Feuerwehr weiterhin. Insbesondere Notabwürfe der alliierten Flugzeuge beim Angriff auf Hamburg hielten die Feuerwehr Buxtehude in Atem. Sie wurde zum Beispiel auch eingesetzt, um Brandbomben einzusammeln.

Die Verdunkelungsvorschriften führten dazu, die Feuerwerksfahrzeuge mit einem blauen Licht auf dem Dach auszurüsten (rot, weiß und gelb waren schon vergeben). Es wurde zunächst nach oben hin abgeschirmt, damit tief fliegende feindliche Flugzeuge die Feuerwehrfahrzeuge nicht erkennen konnten. Neu war auch, dass Fahrzeuge im »Polizeiblau« ausgeliefert wurden.

1944. 50 Jahre Freiwillige Feuerwehr Buxtehude. Feier im kleinen Kreise der älteren Kameraden, die noch die »wirkliche« Feuerwehr Altkloster erlebt hatten. Neue Mitglieder der Feuerwehr wurden auf den Führer Adolf Hitler vereidigt.

1945. Das Kriegsende wurde auch in Buxtehude erleichtert aufgenommen. Die Stadt war weitgehend vor Kriegsschäden bewahrt worden. Die Besatzungsmacht beließ den Stadtbrandmeister und Bezirksbrandmeister Köpke im Amt. Peter Meyer wurde als Wehrführer der Freiwilligen Feuerwehr Altkloster eingesetzt.

1948. Erster gewählter Zugführer nach dem Kriege wurde der Kaufmann Wilhelm Holst. Ihm folgten weitere sieben Zugführer, die teilweise nur kurze Zeit im Amt waren.

1962. Die große Sturmflut. In der Nacht vom 16. zum 17. Februar werden die Feuerwehren zum Deichschutz gerufen. »Brechen die Deiche?«, lautet die bange Frage. Sie brechen. Retten von Einwohnern ist jetzt die Aufgabe. Die endet nicht mit dem Abzug des Sturmtiefs. Jetzt müssen Einwohner versorgt, Sachwerte gesichert werden. Noch zwei Tage lang sind die Feuerwehren in vollem Einsatz.

1976. Endlich! Einweihung eines neuen Gerätehauses. Es ist für seine Zeit hochmodern mit fünf Geräteboxen, Schlauchwaschanlage, Werkstatt und Übungsraum.

1991. Weltpolitisch bestimmen drei Ereignisse dieses Jahr: die endgültige Auflösung der Sowjetunion, der zweite Golfkrieg und Kriege im ehemaligen Jugoslawien.
Zug II der Freiwilligen Feuerwehr wählt Harald Burkhard zum Zugführer. Damit beginnt eine Zeit, die geprägt wird durch die Männer, die den Zug führen. Ihr Anliegen war und ist es, den Zug in jeder Weise fit zu halten. Das geschieht durch einen tadellosen, einsatzfähigen Zustand der Fahrzeuge und Geräte und durch eine Crew, die durch Training und Fort-

bildung in jeder Weise für die vielfältigen Aufgaben bereit ist. Dabei sind die Zugführer Vorbild und, durch persönlichen Einsatz, auch verlässliche Kameraden. Die häufig theoretischen Forderungen des sogenannten »modernen, partizipativen« Führungsstils stehen dabei nicht im Vordergrund. Es gilt, was sich auch in der Seefahrt bewährt:

»Bei allem, was da dampft und segelt, gibt's einen, der die Sache regelt!«

Die Zugführer sind durchsetzungsstark und entscheidungsfreudig. Dort, wo es sinnvoll ist, werden Entscheidungen im Kommando (dem Vorstand des Zuges) vorbereitet. Im Einsatz gelten »Befehl und Gehorsam«. Darüber hinaus wird dem Kommando klar, dass einige Dienstvorschriften vielleicht doch schon überholt sind.

»Antreten? Das können wir mit den jungen Leuten heutzutage vergessen.«

MTF 2002 - 2012

LF 8 1986 - 2010

GW Öl 1995 - 2010

TLF 8 1978 - 2004

LF 16 1965 - 1995

TSF 1981 - 1995

LF 8 1962 - 1986

TSF 1960 – 19??

AL 17 1968 – 19??

LF 25 1949 – 1965

1994. Drei Geburtstage sind bemerkenswert. Der Whisky wird 500 Jahre alt, seit fünf Jahren gibt es keine Mauer durch Deutschland mehr, seit 100 Jahren besteht, trotz vieler Widrigkeiten, die Freiwillige Feuerwehr Altkloster, Zug II. Es stimmt, was der Stadtbrandmeister, Rolf Marquardt, in die Festschrift schreiben lässt:

»... gilt beim Zug II eine stattliche Anzahl vielfältiger Einsätze zu bewältigen. So ist man bemüht, mit Engagement und dem vorhandenen Gerät örtliche sowie nachbarschaftliche Hilfeleistungen zu gewährleisten.
Vorhanden sind besonders in der heutigen Zeit Idealismus und die Einsatzbereitschaft aller Feuerwehrmänner, Freiwilligendienst zu leisten und zum Wohle der Mitbürger viele Stunden ihrer Freizeit für das Feuerwehrwesen zu opfern. Es gelingt auch heute der Leitung des Zuges II immer wieder, genügend Männer zu finden, den freiwilligen Dienst der Feuerwehr für selbstverständlich zu halten und somit den Menschen zu helfen, Hab und Gut zu schützen und Gefahren abzuwenden.«

2001. Das Jahr ist geprägt durch die Anschläge vom 11. September. Viele Feuerwehrleute verlieren in New York ihr Leben bei dem Versuch, Menschen zu retten. Betroffenheit und Nachdenklichkeit auch in Deutschland, besonders bei den Feuerwehrleuten.

2011. Für den Zug II ist dieses Jahr durch den Wechsel in der Zugführung geprägt. Harald Burkhard findet, dass ein geordneter Übergang auf einen Jüngeren im Kommando im Sinne einer kontinuierlichen Entwicklung des Zuges sinnvoll sei. Er schlägt Mario Stöppeler vor – seit langem dabei, mit unbestrittener Kompetenz. Der wird einstimmig gewählt.

2014. In diesem Jahr sind alle Fähigkeiten gefragt.
Eine Reihe von Unwettern mit Starkregen, viele Verkehrsunfälle und immer wieder Löscheinsätze halten Zug II in Atem.
Schon am Dreikönigstag, dem 6. Januar, brennt eine Wohnung im zweiten Obergeschoss eines Mehrfamilienhauses. Das bedeutet »Großeinsatz«. Neun Trupps mit Atemschutzgeräten retten 14 Personen; eine aus der brennenden Wohnung. Auch zwei Katzen werden geborgen.
Die Brandbekämpfung erfolgt von außen und auch im Inneren des Hauses. Die Feuerwehrleute müssen den Bewohnern »aufs Dach steigen«. Das geschieht über zwei Drehleitern. Zur Brandbekämpfung wird das Dach abgedeckt.
Im Mai wird der Zug zu einem brennenden Carport gerufen. Im Grunde nicht erwähnenswert, aber die neue Wärmebildkamera wird zum ersten Mal eingesetzt!
Eine wirkliche Belastung, auch psychisch, sind die Verkehrsunfälle. Man spricht nicht gern darüber. Die Notizen für die Chronik bleiben knapp.
»VU mit Kleinsttransporter und Lkw auf der B 73. 1 Person verletzt und 1 Person verstorben.« »VU mit 2 Pkw. 2 verletzt. 1 Person aus Fahrzeug befreit.« »Tragischer VU im alten Postweg. 1 Person unter Lkw eingeklemmt und verstorben.«

Auch bemerkenswert: Ein besorgter Bürger ruft den Zugführer privat an. Er hätte »da mal eine Frage«. Feuerwehreinsätze wären ja ziemlich teuer. Da er nicht versichert sei, würde er gerne wissen, was so ein Einsatz denn kosten würde. Ihn beruhigt die Antwort, dass Löscheinsätze dem Betroffenen nicht in Rechnung gestellt würden. Der Bürger bedankt sich artig und teilt mit, dass sein Dachboden bereits verqualmt sei.

2015. Zwei Seiten DIN A4 umfasst die Liste »Nennenswerte Einsätze«. Zwei Großfeuer sind dabei. In einem Fall konnte das brennende Gebäude trotz massiven Wassereinsatzes nicht gerettet werden. In einem anderen Fall brannten erst ein Fahrzeug und dann der Dachstuhl eines Gebäudes. Hier halfen zunächst der Zug I der Freiwilligen Feuerwehr Buxtehude, dann die Feuerwehren aus Neu Wulmstorf (Drehleiter), Neukloster und Dammhausen mit dringend benötigten Atemschutzgeräteträgern. Sieben Personen erlitten eine Rauchgasvergiftung. Sie wurden von DRK Buxtehude behandelt. Nach einigen Stunden wurde auch eine vermisste Katze gefunden.
Schockierend bei diesem Einsatz: Jemand hatte einen Draht über die Straße gespannt, um den Einsatz zu behindern. Glücklicherweise wurde niemand verletzt, auch der Stadtbrandmeister kam bei einem Sturz mit dem Schrecken davon.

2016. Das Jahr beginnt mit einem Feueralarm. Eine Gasflasche im Pausenraum einer Pizzeria brennt. Beim Eintreffen der Feuerwehr hat das Personal das Feuer bereits gelöscht. Am 27. März gibt es an einem Tag drei Einsätze gleichzeitig. *»Person unter Zug, Konrad-Adenauer-Allee und Verkehrsunfall im Ottensener Weg«* steht auf der Liste bemerkenswerter Einsätze. Aber auch *»14.5.2016 Lüneburger Schanze 1 Person zwischen Hauswand und Zaunpfosten eingeklemmt«.*

Am 15. August brennen in der Rudolf-Diesel-Straße eine Farbenfabrik und eine Tischlerei. Einem Großaufgebot der Feuerwehren gelingt es, das Ausweiten des Feuers zu verhindern.

2017. Es ist das Jahr, bei dem die meisten Einsätze mit dem Kürzel »TH«, Technische Hilfe, gekennzeichnet werden. Etwa die Unterstützung der Polizei bei der Bergung einer Leiche aus einem Teich – an einem kalten Januartag. Im Mai ein Blitzschlag in ein Wohnhaus. Kein Brand, aber ein großes Loch im Dach. Im Schwimmbad riecht es nach Chlor. Eine Person in den Speichen ihres Fahrrades eingeklemmt.

2018. Das Jahr steht durchaus auch unter dem Eindruck des nahenden Jubiläums. Ein besonderer Festausschuss befasst sich mit allen Aspekten der Vorbereitung. Unter anderem soll auch »eine Art Buch« erstellt werden. Man denkt da an »etwa zehn Seiten«, die zu gestalten wären. Kamerad Vogt wird ausersehen, den Heimat- und Geschichtsverein um Hilfe zu bitten. Geld benötige man natürlich und möglichst auch einen Poeten. Den findet man, und wie Poeten es sich vorstellen: Er verspricht »ein richtiges Buch und den Zug II soll es nichts kosten«.
Am 25. August beschließt das Kommando unter dem Motto »Was wir tun, machen wir richtig«, die Festschrift als Buch zu gestalten.
Selbstverständlich stehen weiterhin Übungen und Einsätze im Vordergrund. Mehr als 150 sind es am Jahresende.
Eine Auswahl aus den Einsatzberichten liest sich so:

»Beim Spielen auf einem Mini-Fußballtor im Kindergarten Stieglitzweg geriet am Mittwochnachmittag ein kleines Kind mit einem Bein zwischen zwei Metallstangen. Da es sich nicht mehr selbst befreien ließ, mussten die Einsatzkräfte vom Zug II der Ortsfeuerwehr Buxtehude hinzugezogen werden. Mit Hilfe des Spreizers drückten die Kräfte die Stangen auseinander und konnten das Bein befreien. Da Kind blieb unverletzt und konnte nach der großen Aufregung in die Obhut der Mutter übergeben werden.
Nachdem das Tor wieder zurückgebogen worden war, konnten die Einsatzkräfte wieder einrücken.«

»Kellerbrand im Mehrfamilienhaus. Ein brennender Trockner sorgte am Samstagnachmittag für einen großen Einsatz von Feuerwehr, Rettungsdienst, Polizei, Stadtwerke und Ordnungsamt in der Straße ‚Kloster Dohren‘. Beim Ausrücken der Einsatzkräfte von beiden Zügen der Ortsfeuerwehr Buxtehude und der Ortsfeuerwehr Ottensen lautete die Meldung der Leitstelle: ‚Kellerbrand in einem Mehrfamilienhaus, vermutlich brennt Trockner im Keller.‘ Bereits auf der Anfahrt war ab dem Stieglitzweg schon eine deutliche Rauchsäule sichtbar. Das zuerst eintreffende Hilfeleistungslöschfahrzeug wurde vom Rettungsdienst in Empfang genommen und vorbildlich in die Lage eingewiesen. Alle Bewohner, die beim Brandausbruch im Gebäude waren, hatten zu diesem Zeitpunkt das Gebäude bereits verlassen und sich auf dem gegenüberliegenden Gehweg versammelt. Dort wurden sie vom Rettungsdienst betreut. Da keine Menschenrettung durchzuführen war, konnte umgehend mit der Brandbekämpfung begonnen werden. Hierfür wurde als erster Angriffsweg das Treppenhaus im Gebäude gewählt, da die Haustür beim Eintreffen bereits geöffnet war. Auf dem Weg in den Keller wurde ein Rauchvorhang gesetzt, um das Treppenhaus möglichst schnell rauchfrei zu bekommen. Da zu dem Zeitpunkt eine sehr starke Rauchentwicklung mit einer extremen Wärmebelastung für den Trupp bestand und dieser dadurch nur sehr langsam vorankam, wurde über einen außenliegenden Kellereingang ein zweites Rohr zur Unterstützung vorgenommen. Die Trupps sind unter Rauchgaskühlung so zum Brandherd vorgerückt und konnten mit der Brandbekämpfung beginnen. Im Kellerraum brannten eine Waschmaschine, ein Wäschetrockner, sowie Regale mit unterschiedlichsten Inhalten. Nach der ersten erfolgreichen Brandbekämpfung wurde der Kellerraum durch die Einsatzkräfte für die Nachlöscharbeiten komplett leergeräumt und ca. 15 m³ Brandlast aus dem Keller ins Freie gebracht. Da alle Wohneinheiten mit Brandrauch beaufschlagt wurden, mussten parallel zu den Nachlöscharbeiten umfangreiche Lüftungsarbeiten von Keller, Treppenraum und Wohnungen vorgenommen werden. Nachdem die Wohnungen von den Einsatzkräften freigegeben wurden, konnten die Anwohner diese in Begleitung der Feuerwehr betreten, um noch einige persönliche Dinge einzupacken, da die Wohnung zunächst als unbewohnbar erklärt werden mussten und die Bewohner durch das Ordnungsamt für das Wochenende an anderen Orten untergebracht wurden.«

Ein anderer Fall zeigt, wie umsichtig die Feuerwehr reagiert, wenn die Gefahr besteht, dass Menschen bedroht sind. Mit drei Fahrzeugen rückte die Feuerwehr an. Im Einsatzbericht wird vermerkt: HLF 20, TLF 16/25, ELW 1. Das bedeutet Hilfeleistungslöschfahrzeug, Tanklöschfahrzeug, Einsatzleitwagen. Und worum ging es?

»Ein piepender Rauchmelder mit Brandgeruch machte die Nachbarn in einem Mehrfamilienhaus im Torfweg in der Nacht zu Samstag auf ein vermeintliches Feuer aufmerksam. Sie sorgten für eine Alarmierung der Einsatzkräfte vom Zug II der Ortsfeuerwehr Buxtehude.
Die eintreffenden Kräfte konnten den augenscheinlich eingeschlafenen Bewohner durch beherztes ‚Feuerwehrklopfen' zum Öffnen der Wohnungstür bewegen. Beim Erkunden der verrauchten Wohnung wurde angebranntes Essen als Ursache für die Verrauchung festgestellt. Dieses war mittlerweile völlig verkohlt und wurde von den Einsatzkräften kurz unter Wasser abgelöscht.
Der Bewohner wurde mit Verdacht auf eine Rauchgasvergiftung dem Rettungsdienst zugeführt.
Nachdem die Einsatzkräfte die Wohnung ausreichend belüftet hatten, konnten alle Kräfte wieder einrücken.«

2019. Die Feuerwehr Buxtehude, Zug II, feiert ihr 125. Jubiläum. Die Bundesrepublik Deutschland feiert den 70. Jahrestag der Verabschiedung des Grundgesetzes der Bundesrepublik Deutschland.
In Art. 1 heißt es:
»(1) Die Würde des Menschen ist unantastbar. Sie zu achten und zu schützen ist Verpflichtung aller staatlichen Gewalt.«
»Gilt auch für uns«, finden sie im Zug II der Feuerwehr Buxtehude. »Darüber müssen wir nicht reden – wir handeln!«

Porträts

Kommando

Zu unserem Buch gehören auch Beschreibungen der zu feiernden Personen. Hier gilt es, den Zug II vorzustellen. Der lebt von den 50 aktiven Mitgliedern. Außerdem gibt es Alters- und Ehrenmitglieder. Sie alle hier zu schildern, würde den Umfang des Buches sprengen. Daher hat sich das Kommando des Zuges zusammengesetzt und eine Liste der Mitglieder aufgestellt, deren »Porträts« erscheinen sollen. Die ausführliche Erwähnung in diesem Buch gilt entsprechend als Dank und Anerkennung für geleisteten Einsatz.

Es wurden Interviews durchgeführt. Nicht, wie sonst üblich, wurde gefragt, warum der oder die Betreffenden sich für den Dienst in der Freiwilligen Feuerwehr Buxtehude entschieden haben. Sicher nicht, weil der Schachverein Aufnahmestopp hatte. Stattdessen sollten die Interviewten zunächst kurz erklären, warum sie ausgewählt worden waren. Anschließend ging es darum, ein Ereignis zu schildern, das für sie von besonderer Bedeutung war. Diese Schilderung, ein wenig strukturiert, gibt ein lebendiges Bild der porträtierten Person. Persönliche Angaben waren den Befragten freigestellt.

Das »Kommando« ist zu erklären: Es handelt sich um das Führungsgremium des Zuges, etwa einem Vereinsvorstand entsprechend.

Es besteht aus dem Zugführer, seinem Stellvertreter und den Gruppenführern.

Mario Stöppeler, Zugführer, Zug II. Stellvertretender Ortsbrandmeister der Ortsfeuerwehr Buxtehude und Ehrenbeamter der Hansestadt Buxtehude.

»Mein Porträt steht in diesem Buch, weil ich die Verantwortung trage

- *für 50 aktive Kameradinnen und Kameraden, die unter Umständen auch mal ihr Leben riskieren müssen,*
- *für Millionenwerte an Fahrzeugen, Geräten und dem Gebäude, die dem Zug von der Stadt in Obhut gegeben wurden und die jederzeit einsatzbereit sein müssen,*
- *für das Wohlergehen von Zehntausenden Bürgern dieser Stadt, die sich darauf verlassen können, dass ihnen im Notfall schnell und kompetent geholfen wird.*

Diese Verantwortung trage ich mit dem Zug II – 24 Stunden am Tag, sieben Tage in der Woche, 52 Wochen im Jahr!«

Harald Burkhard, Hauptbrandmeister, im Zug II seit 01.09.1978. Zugführer und stv. OrtsBM von 1991 bis 2011. Als Beamter in Hamburg tätig. Die Feuerwehr steht im Mittelpunkt seines Lebens, Freizeit genießt er im Sportboot, auf dem Fahrrad und auf Reisen.

»ich bin in einer Feuerwehrfamilie groß geworden. Mein Vater war Gerätewarte vom Zug II und wir wohnten über 29 Jahre in der Dienstwohnung direkt am Gerätehaus.

Mir ist die Entscheidung in die Feuerwehr einzutreten, nicht besonders leicht gefallen.

Viele meiner Freunde sind damals beim DRK Ortsverein Buxtehude eingetreten.

Aber wie das so ist, tritt man in die Fußstapfen des Vaters.

Und letztendlich war das die Richtige Entscheidung.

Der Zug II ist – meine Feuerwehr!

In meiner Zeit als Zugführer gab es eine Fülle persönlicher Erlebnisse: Die bezogen sich sowohl auf Führungsentscheidungen als auch auf die Einsätze, insbesondere in der Feuerbekämpfung.

Stolz kann ich darauf sein, dass es mir gelang, Frauen in die Männerdomäne des Zuges II zu integrieren. Das war ein zwiespältiger Entschluss, viele Kameraden wären gern in der gewachsenen Männergesellschaft geblieben. Aber inzwischen ist alles gut. Darüber hinaus erfüllt mich mit Freude, dass sich die zu meiner Zeit gegründete Jugendfeuerwehr Estetal so gut entwickelt.

Ja, es hat auch negative Momente gegeben, aber die verdrängt man.

Es knallte gewaltig am Heiligen Abend 1980 beim Brand in der Altstadt.
Nein, kein vorgezogenes Feuerwerk – Zug II kämpfte mit »Alle Mann« gegen die Ausbreitung des Feuers – ich mit einem Trupp auf dem Dach des Kinos. Das war mit Eternitplatten gedeckt, die bei der enormen Hitze eine nach der anderen mit einem Knall platzten. Mein schöner neuer Feuerwehrhelm erhielt gleich seine ersten Blessuren, wir mussten uns zeitweise hinter den Schornstein zurückziehen und von dort mit dem C-Rohr das Feuer bekämpfen – Durchzündungen machten uns zu schaffen.
Das eigentliche Problem schien mir aber, dass es damals als Pflicht eines Mannes galt, Heiligabend einen Tannenbaum zu besorgen und aufzustellen. Die Idee, dass nun die Frauen ranmussten, gefiel uns gar nicht. Dem Einsatzleiter gelang es dann, einzelne Familienväter aus dem Einsatz zu lösen, als wir den Brand unter Kontrolle hatten. Aber »Stille Nacht« war das nicht.
Ein starkes Erlebnis? Da könnte ich ein Buch füllen.
Großfeuer, Verkehrsunfälle und vieles mehr. Jeder Einsatz ist auf seine Weise erwähnenswert, da in den meisten Fällen ein menschliches Schicksal dahintersteht.
Für mich ist es immer sehr wichtig, dass alle an uns gestellten Aufgaben erfolgreich abgearbeitet werden und alle Kameraden gesund wieder zu ihren Familien zurückkehren.

Holger Burkhard. Oberlöschmeister. Bürokaufmann, in Zug II seit 24.11.1992. Ein Hobby ist das Motorboot, ein anderes Karate; im Mittelpunkt steht die Freiwillige Feuerwehr.

Holger ist der mittlere der »Drei Burkhard-Brüder« in einer weiteren Generation der »Burkhard-Feuerwehr-Familie«. Die Freundin hat zwar zwei Kinder, doch die haben keinen Sinn für die Feuerwehr.

»Für mein Porträt wurde ich ausgewählt, weil ich Teil einer Feuerwehrfamilie und direkt im Feuerwehrhaus aufgewachsen bin.«

In meinem Feuerwehrleben erhielt ich viele Eindrücke, aber für mich verlief die Feuerwehrzeit bisher eher glimpflich, ich kann über keine Verletzung klagen – ich wurde ja gleich ins kalte Wasser geworfen. Das ergab sich einfach, weil mein Vater Gerätewart der Feuerwehr war und wir in einer Dienstwohnung lebten. Auch meine Mutter war dabei, nicht offiziell als Mitglied der Feuerwehr, aber mit vielen Aufgaben. Dazu gehörten Reinigung, Bedienung der Tore und viele kleine unterstützende Handreichungen. Sie gehörte mit zum Team.

Ich erinnere mich an die Spannung der ersten Einsätze.

Manchmal ging es heiß her, einmal aber auch eisig. Das war bei einem Großeinsatz, es brannte in der Altstadt, ausgerechnet in der Nähe des Gerätehauses von Zug I. Die Außentemperaturen lagen deutlich unter null. Uns froren die Schläuche zu. So hatten wir lange Eiszapfen liegen. Neue Einsatzmöglichkeiten für die Feuerwehräxte. Besonders ärgerlich: Unser Löschfahrzeug stand so nahe am Brandherd, dass es eine Menge Löschwasser abbekam. Da mussten wir nun das Eis bergmännisch abbauen – nicht mal die Rollläden konnten wir schließen. Ein wirklich »heißer Job«, die Freiwillige Feuerwehr.

Rainer Burkhard. Oberlöschmeister. Kaufmann für Bürokommunikation, in Zug seit 19.01.1993. Ledig, noch zu haben.
An erster Stelle steht für ihn immer die Feuerwehr, aber auch Motorboot fahren und sein Mountainbike machen Rainer Freude.

»Für mein Porträt wurde ich ausgewählt, weil meine beiden Brüder auch in der Feuerwehr sind. Aufgewachsen in einer Feuerwehrfamilie direkt neben der Feuerwehr.«

Für mich führte kein Weg an der Feuerwehr vorbei. Das bedeutete auch, dass ich über eine Fülle von Erlebnissen berichten könnte.

Ein Ereignis ist mir allerdings als besonders erinnerungswürdig im Kopf geblieben.

Es war ein Wohnungsbrand in der Schanzenstraße. Mit meinem Bruder Holger bin ich unter Atemschutz als Angriffstrupp über einen Balkon zur Brandbekämpfung in die brennende Wohnung hinein. Alles war voller Rauch, die Wohnung stand im Vollbrand. Als wir uns vorarbeiteten, fiel mir etwas auf. Ich tippte meinen Bruder Holger an. Ein seltsames Ding lag auf dem Boden. Ganz offensichtlich eine Person in merkwürdiger Haltung. Wir haben uns dann zu dieser Person vorgearbeitet. Bei der ersten Kontaktaufnahme fühlte sich das schon sehr seltsam an – viel zu kompakt. Nach kurzer Untersuchung stellte sich dann heraus, dass es sich um das Untergestell eines Tisches handelte, das in Form eines metallenen Menschen ausgeführt war. Zunächst eine hoch spannende Situation, ein Mensch in einem brennenden Raum. Dass er aus Metall war, brachte uns einen Augenblick Erleichterung.

 **Timm Gerken**, Fach-informatiker, Brand-meister, einer von fünf Gruppenführern im Zug II. War sechs Jahre lang stellvertretender Zugführer, ehe er bei einer Neuwahl mit einer Stimme unterlag.

Er liebt seine Selbst-ständigkeit, insbesondere wenn seine Kenntnisse und seine Erfahrung bei Events der Heimatstadt Buxtehude gefragt sind. Im Übrigen ist die Feuerwehr für ihn Berufung – nach-gewiesen durch eine Fülle von Urkunden, etwa auch die Hochwassermedaille.

»Für mein Porträt wurde ich ausgewählt, weil ich
- *Mitglied des Kommandos, und*
- *ex-stellvertretender Zugführer bin.«*

Für mich ist die Kameradschaft in der Freiwilligen Feuer-wehr sehr wichtig. Sie war auch früher ein wesentlicher Bestandteil in Zug II. Mit dem Generationenwechsel und dem Ausscheiden der »alten Kameraden« aus dem akti-ven Dienst – also mit den nachrückenden Jüngeren – ist ein Teil dieses Zusammengehörigkeitsgefühls zunächst ver-loren gegangen. Jetzt, finde ich, wächst es wieder. Durch diesen Generationswechsel hat sich auch das Verhältnis zwischen Zug II und Zug I wesentlich verbessert. Früher gab es immer wieder Spannungen. Gab es früher einen Wett-bewerb bzw. jeder fand, er wäre der Bessere, gibt es das heute nicht mehr – auch weil wir tagsüber bei Bränden immer zusammen alarmiert werden und feststellen, wie gut wir zusammenarbeiten.

Ein besonderes Ereignis? Als wir aus einem brennenden Haus 17 Personen und eine Katze retten konnten. Die Treppen waren total verraucht, Sicht keine 20 Zentimeter, die Menschen in den Obergeschossen abgeschnitten. Ich gehörte zum ersten Angriffstrupp, wir sind nur mit PA innen hoch. Die waren auch nicht einzeln mit der Fluchthaube zu retten mit null Sicht, die Rettung erfolgte über Drehleiter und Leitern. Das bedeutete, die zum Teil in Panik umherlaufenden Menschen zunächst in einem rauchfreien Raum zusammenzuführen und auf die Rettung über Leitern vorzubereiten. Ein Badezimmer bot sich an, da habe ich welche hingebracht. Letztlich hat es dann funktioniert.

Christopher Horn. Brandmeister. In Zug II seit 17 Jahren. Stellvertretender Zugführer. Mitarbeiter im Teiledienst. Zwei Söhne, der Jüngere richtig »feuerwehraffin«. Hobby: Fußball.

»Für mein Porträt wurde ich ausgewählt, weil ich langjähriges Kommandomitglied und stv. Zugführer bin.«

Es ist schon eine Zeitlang her, aber vergessen habe ich es nicht:

Mein erster Bereitschaftseinsatz, das war 2002 in Dannenberg, wo wir Sandsäcke füllten und stapelten; aber man hatte unsere Verpflegung vergessen. Als die Bevölkerung das mitbekommen hat, wurden wir reichlich versorgt – wir konnten uns vor Lebensmitteln kaum noch retten. Diese Dankbarkeit hat uns sehr beeindruckt. Wir haben an einem Deichabschnitt gearbeitet, der zunächst ganz »normal« war. Als wir am nächsten Tag zur Ablösung dort hinkamen, war der ganze Untergrund hinter dem Deich wie Pudding, wir konnten dort kaum noch auftreten – der Deich war wie in Wasser aufgelöst.

Bei einem Einsatz habe auch ich einmal erlebt, dass wir aufgeben mussten. Auch ein Bereitschaftseinsatz, ich glaube, der zweite, in derselben Gegend. Wir haben einen Notdeich vor einem Dorf gebaut. Da sahen wir, dass ein Stück weiter der Hauptdeich gebrochen war. Wir mussten aufgeben. Das Witzige an dem Einsatz war, die Elbe trat über die Ufer, aber die ganze Zeit über schien die Sonne, wir kamen braun gebrannt wieder nach Hause. Im Betrieb musste ich erklären, dass ich wirklich nicht aus dem Urlaub kam und tatsächlich Sonnencreme und Mückenschutz wichtig waren. Die Bereitschaftseinsätze haben die Truppe immer sehr zusammengeschweißt, sowohl im Zug als auch mit den Kameraden aus unserer Gegend.

Ich kann noch kurz erzählen, wie ich zur Feuerwehr gekommen bin. Mein Opa ist noch Alterskamerad bei Zug I. Als er noch aktiv war, hat mich immer schon fasziniert, wenn er von seinen Einsätzen erzählte und wenn er Bilder gezeigt hat. Ich wollte dann in die Jugendfeuerwehr, als ich zehn war, da gab es aber eine Warteliste. Meine Freunde wohnten hier oben, in Altkloster, ich hatte aber nie den Arsch in der Hose, sie zu fragen, ob ich nicht bei ihnen mitmachen könnte. Bis die dann mal sagten: »Komm mit, wir klären das.« So bin ich erst mit vierzehn zur Jugendfeuerwehr gekommen. Dann lief das ganz von alleine; mit sechzehn bin ich übergetreten, war aber noch gleichzeitig ein Jahr in der Jugendfeuerwehr, dann Betreuer. Irgendwann wurde ich stellvertretender Stadtjugendfeuerwehrwart. Außerdem bin ich noch in der Kreisfeuerwehrbereitschaft stellvertretender Zugführer. Hier im Zug II habe ich die Lehrgänge und Prüfungen absolviert, jetzt bin ich eben stellvertretender Zugführer. Natürlich fahr ich manchmal auch als Gruppenführer, wenn ich als Erster da bin und noch keiner da ist. Sagen wir so: Ich bin mit Leib und Seele Feuerwehrmann, und da, wo ich gebraucht werde, springe ich ein – da kommt es nicht auf den Dienstgrad an, sondern auf die innere Einstellung, mein Können und meine Erfahrung.

Karl-Heinz Jäschke. In Zug II seit 1943. Hauptbrandmeister. Zugführer des Zuges II – Altkloster 1976/1977. Stadtbrandmeister von 1977 bis 1990. Ehrenstadtbrandmeister der Hansestadt Buxtehude.

»Für mein Porträt in der Festschrift wurde ich ausgewählt, weil – weiß ich nicht.«

Ein Porträt wie das von Karl-Heinz Jäschke gehört in jedem Fall in ein Buch über den Zug II. Als er 1943 »eingezogen« wurde, trug er die braune Uniform mit Hakenkreuzbinde der Feuerwehr-HJ. Die war dem Reichsjugendführer unterstellt, In Zug II allerdings der Polizeibehörde Buxtehude. Der Dienst in Zug II – Altkloster begann mit Exerzieren. Bald allerdings wurde es auch ernst. Brandbomben und Brandplättchen, von alliierten Bombern abgeworfen, hielten die Feuerwehr in Atem – genau wie die Angriffe auf Hamburg im Juli 1943. Es fielen auch Bomben auf Buxtehude – bei denen wurden Personen getötet. Zu den Brandeinsätzen in Hamburg bin ich nicht gekommen, dafür war ich noch nicht lange genug in der Feuerwehr. Ich habe dann regelmäßig am Dienst teilgenommen – über die Beförderungen, die einzelnen, brauche ich wohl nichts zu sagen. Aber für mich war dann das Besondere, dass ich 1977 zum Stadtbrandmeister gewählt wurde.

Ich wurde damals von den Ortsbrandmeistern ausgewählt, die waren der Meinung, ich wäre der Richtige. Ich habe die Wahl angenommen und war dann Stadtbrandmeister bis 1990 – da musste ich entsprechend dem Brandschutzgesetz austreten. Außer den großen Bränden – der Brand in der Innenstadt und der Brand im Schulzentrum Nord, die mich entsprechend forderten – war es vor allem die Entwicklung der Feuerwehr in meinen Amtsjahren. Sechs Gerätehäuser wurden während dieser Zeit gebaut, die technische Entwicklung ging weiter – etwa mit der Einführung des Sprechfunks, ohne den heute ja nichts mehr geht. 75 Jahre Feuerwehrleben – das ist doch was, oder?

Rainer Krusche, Diplom-Ingenieur. Hauptlöschmeister. Bei der Feuerwehr seit 1974; in Zug II seit August 1987. Sportflieger und Modellbauer.

»Für mein Porträt wurde ich ausgewählt, weil ich Dienstältester als aktiver Feuerwehrmann in Zug II bin.«

Es sind zwei Einsätze, die sehr in Erinnerung bleiben. Der erste Einsatz, es ist schon ein paar Jahre her – später Abend an der Foxstraße; Schwelbrand. Während dieses Einsatzes, ich war zu diesem Zeitpunkt auf dem Fahrzeug Maschinist, kam über die Leitstelle: »Da hat jemand gerade angerufen; es brennt.« Da habe ich der Leitstelle gesagt: »Das ist meine Anschrift, da wohn ich.« Dann kam als heiterer Rückruf: »Dann weißt du ja, wo du hinfahren musst.« Die erste Durchsage hieß aber »Gasexplosion!«. Da hab ich mir nur gedacht, »du bist hier an einem Schwelbrand und deiner Frau ist gerade die Bude um die Ohren geflogen«, salopp gesagt. Man kann sich wahrscheinlich vorstellen, dass dann die Anfahrt etwas schneller war. Es war ein Wetter etwa so wie heute, nicht unbedingt ganz trocken. Denen, die mitgefahren sind, wird diese Fahrt auch in bleibender Erinnerung bleiben. Ich war mit meinen Gedanken ganz bei meiner Familie. Im Nachhinein: Man hätte mich eigentlich gar nicht fahren lassen dürfen. Am Krankenhaus kam uns schon die Wolke entgegen, Brandgeruch und Qualm – ich war mit den Gedanken schon überall, bloß nicht beim Fahren. Es stellte sich dann aber heraus, Gott sei Dank, es war die Garage – die vom Nachbarn –, das haben wir allerdings erst gesehen, als wir vor Ort waren. Insofern ging dann der Adrenalinspiegel runter; meiner Familie ging es gut, die Kinder waren am Schlafen. Die Kameraden, die mit waren, haben es auch noch positiv in Erinnerung, es war ja Weihnachtszeit, sie wurden gut versorgt von unseren Nachbarn, mit Christstollen und Kaffee.

Das ist so ein Ereignis, das nicht alltäglich ist. Vor allem der

Funkspruch der Zentrale, »dann weißt du ja, wo du hin-musst«, war schon heftig.

Der zweite Einsatz, der mir sehr nahegegangen ist – die Bilder habe ich heute noch im Kopf –, war ein schwerer Verkehrsunfall mit mehreren Toten, mit jüngeren Leuten. Wir kamen auf den Einsatzort zu, ich war zu jener Zeit Gruppen-führer. Man muss dazu sagen, es war nachts, mein Sohn war zu jener Zeit unterwegs, das wusste ich auch. Er hatte sich abgemeldet: »Ich bin mit meiner Freundin auf einer Fete, in der Ortschaft Soundso.« Wir kommen zu diesem Unfall hin; ich sehe nur zwei Leute, die noch im Auto hingen, einge-klemmt. Der hintere ein junger Mann mit einer Strickjacke, die der meines Sohnes sehr ähnlich sah. Das Auto passte auch, es war ein Kombi, und vorne saß eine junge Dame, die von der Frisur her seiner Freundin sehr ähnlich sah. Man kann es kaum beschreiben, wie mir das Herz zugeschnürt wurde, »das darf nicht wahr sein, das sind meine Kinder.« Ich kriegte keine Luft mehr. Als ich dann näher rankam, habe ich gesehen, es war nicht das »richtige« Auto; es hatte ein anderes Kennzeichen als STD, Stade. Dennoch, für diesen Einsatz war ich nicht mehr zu gebrauchen. Das brennt sich nachhaltig ein!

Stefan Weikusat. Brandmeister. In Zug II seit 1991. Neben der Feuerwehr interessieren ihn alte Autos und der Garten.

»Für mein Porträt wurde ich ausgewählt, weil seit der Gründung der Jugendfeuerwehr Estetal in der Jugendarbeit tätig. Jugendwart bis 2010, Stadtjugendfeuerwehrwart. Gruppenführer.«

Ein besonderes Ereignis? Natürlich die großen Einsätze. Aber was mich früh fasziniert hat, als Kind, ich erzähl das mal einfach, war, ich hatte Angst vor Feuer. Feuer hat mich dann weiterhin fasziniert. Wenn es Feueralarm gab, die Sirenen heulten; bin ich denn los, ich war schon groß genug. Es war irgendwie spannend, wenn die roten Wagen angebraust kamen, die Männer heraussprangen und versuchten, das Feuer zu löschen. Da war mir klar, ich will das auch. Ich musste warten, bis ich 16 war, eine Jugendfeuerwehr gab es damals ja noch nicht.

Das fing an mit dem Grundlehrgang. Ich erinnere mich: Der erste Tag ist bei mir ein bisschen in die Hose gegangen. Mein Einstand war, dass ich zunächst mehrmals die Toiletten aufsuchen musste. Am Abend vorher war nämlich Party angesagt, und irgendwie ist mir das nicht bekommen. Dabei ist mir auch durch den Kopf gegangen, ob ich das mit der

Feuerwehr wirklich wollte. Ich bin dann doch pünktlich zum Lehrgangsbeginn erschienen. Bereut habe ich meinen Entschluss nie!

Zum Thema Jugendfeuerwehr. Die sollte sein. Damals konnten wir das allein aber nicht stemmen, da sind wir mit der Freiwilligen Feuerwehr Ottensen zusammengegangen. Natürlich wurden auch Betreuer gesucht. Ich wurde angesprochen, weil ich noch relativ neu war – ich bin 1991 eingetreten und es war 1995. Ich hab da eigentlich nichts gegen gehabt, so habe ich einfach »Ja« gesagt. Natürlich war eine ganze Menge zu tun – sowohl administrativ als auch dienstlich. Irgendwann sind wir auch auf die Idee gekommen, dass man vielleicht Jugendliche für die Jugendfeuerwehr braucht. Aber wir haben das alles hingekriegt. Als dann der erste Jugendwart aufgehört hat, wurde ich wieder angesprochen. »Du hast das doch immer so gut gemacht, und mit den Jugendlichen bist du auch gut klargekommen, es hat ja dir doch auch Spaß gemacht in Zeltlagern, mach das mal – kann ja zunächst mal kommissarisch sein.« So habe ich das denn gemacht, bis 2010, und ich war gern dabei. Wenn man sieht, mit wie viel Freude die Jugendlichen dabei sind, ist das schon mal eine gute Sache!

Adolf Will. Hauptlöschmeister. In Zug II seit 1969. Singt im Gesangverein und freut sich, wenn der BSV im Handball gewinnt.

»Für mein Porträt je wurde ich ausgewählt, weil:
- *1969 eingetreten*
- *10–12 Jahre Schriftführer*
- *Orts- u. Stadtkommando*
- *Stellvertretender Zugführer*
- *2002 Alters-Abteilung«*

Mein erstes Erlebnis, das war 1969, im September. Da rief mein Chef mich zu sich. »Wenn es hier brennt, kommt die Feuerwehr. Deshalb ist es gut, wenn du auch in der Feuerwehr bist.« Ich hab dann gesagt, »ich kenne hier viele im Zug II, dann gehe ich da rein.« So hat das angefangen. Grundausbildung hier in Buxtehude, dann habe ich den Maschinistenlehrgang gemacht. In Celle, Truppführer und Gruppenführer.
Ein besonderes Ereignis? Der Brand im Kasino, in der Kaserne. Kurz vor Weihnachten – große Weihnachtsfeier. Die Soldaten, die Offiziere, die hatten alles schon auf den Tischen stehen im Ballgebäude. Im Gebäude daneben brannte es. Wir löschten, es war arschkalt, auf der Veranda stand bald das Wasser, auch in unseren Schuhen. Die Offiziere und die fein gekleideten Damen mussten flüchten. Das Kasino ist abgebrannt, nicht aber das Gebäude, in dem gefeiert werden sollte. Wie gesagt, Essen stand schon da, auch die Getränke. Am Ende: kein Feuer mehr, aber auch keine Feier.

Was mir noch einfällt. Einsatz im Rahmen der Bereitschaft. Hochwasseralarm an der Elbe, ich glaube, Sommer 2002. In der Gegend von Hitzacker und dem Flüsschen Neetze. Es war schönes Wetter. Wir haben Sandsäcke gefüllt und am Deich kilometerweit aufgestapelt. Die Bewohner saßen im Garten, tranken Kaffee und haben uns für verrückt erklärt. Abends um zehn haben sie das nicht mehr gemacht, da kam das Wasser. Da waren sie dann dankbar und haben Kaffee diesmal für uns gekocht.

Die Kameraden

André Neumann. Hauptfeuerwehrmann. Beruf: Berufsfeuerwehrmann. In Zug II seit 2001. Ziemlich frisch verheiratet; mit Zwillingen, zwei Töchtern. Entsprechend neben dem Mountainbike fahren viel Freude bei Unternehmungen mit der Familie.

»Für mein Porträt wurde ich ausgewählt, weil ich dem Zug II schon lange angehöre und mich mit ihm gut identifizieren kann.«

Besondere Ereignisse? Da gibt es natürlich sehr viele. Aber eines, das nicht aus meinem Kopf raus will: ein Einsatz in der Schanzenstraße. Da sind wir hingefahren, und als wir ankamen mit dem ersten Fahrzeug, kam eine Polizistin aus dem Gebäude gelaufen und sagte, »da oben ist noch jemand«. Wir haben schon gesehen, dass schwarzer Rauch aus dem Flur und aus dem Fenster kam. Der Angriffstrupp ist ins Gebäude reingegangen und hat die Person rausgeholt. Ich bin dann mit meiner Truppkameradin, als zweiter Angriffstrupp, zur Brandbekämpfung in den zweiten Stock vorgegangen. Als wir auf dem Treppenabsatz vor dem Brandgeschoss waren, kam die Decke teilweise runter und hat meine Truppka-meradin getroffen. Ich habe sie dann gefragt, ob es ihr gut geht, und sie sagte, dass sie Rauch in die Maske reinkriegt. Da war es dann klar; wir müssen uns zurückziehen. Das war ein Ereignis, das war nicht ohne – es zeigte, dass wir nicht unverwundbar sind. Sie hatte letztlich »nur« eine Prellung an der Schulter und eine undichte Maske, aber es hätte auch anders ausgehen können, das prägt schon – zu erfahren, dass es doch immer wieder richtig gefährliche Situationen gibt. Ich bin vorsichtiger geworden, sehe mich einmal mehr um, achte noch mehr auf Gefahren. Ich habe keine Angst, aber Respekt.

Arne Dusenka, Hauptfeuer-wehrmann; Webmaster, stellver-tretender Jugendwart. In Zug II seit Januar 2005. Fluggeräteme-chaniker FR Fertigungstechnik. Hobby: Bowling als Sport.

»Für mein Porträt wurde ich aus-gewählt, weil ich als stellvertre-tender Jugendwart der JF Este-tal tätig bin, oder zur falschen Zeit am falschen Ort war.«

Was ich nie vergessen werde: mein erster Einsatz im Angriffs-trupp. Es war ein Wohnungsbrand, wir sind da hoch, als wir in die Wohnung kamen, stellte ich fest, dass da jemand die Heizung voll angestellt hatte. Richtig heiß war es. Es dauerte ein paar Sekunden, bis ich realisierte: »Es brennt!« Wir haben dann den Brandherd gesucht, gefunden und abgelöscht. Also kein sehr sensationelles Ereignis.

Die Spannung, das Adrenalin, das hatte ich schon während der Anfahrt, im Einsatz war ich voll beschäftigt – daher diese Feststellung »Heizung«.

Im Laufe meines Feuerwehrlebens gab es dann eine Fülle bemerkenswerter Einsätze und Ergebnisse – auch lustige waren dabei. Etwa, wie ich bei einem Zeltlager »gehbehindert« war. Da hat mir ein Kamerad angeboten, mich zur entfernteren Toilette zu fahren. Wie sich herausstellte, nicht aus Nächstenliebe, sondern weil er zu faul war, dorthin zu Fuß zu gehen.

Alles in allem, ich bin ruhiger geworden, bin nicht mehr die Heißdüse wie am Anfang – das hat auch mit meinem Wohnort zu tun. Bei einer Alarmierung bin ich wegen der Entfernung vom Gerätehaus selten unter den Ersten, das bedeutet, auf dem zweiten Wagen in den Einsatz – da weiß man schon mehr; kann sich auch innerlich vorbereiten.

So bin ich vielleicht typisch für einen Sicherheitstrupp – versehen mit der entsprechenden Tasche, etwa mit einer Ersatzflasche für den PA – eben einer, der voll bereit ist; wann, wie und wo er gebraucht wird.

Ben-Torben Goepel, Ober-feuerwehrmann; Azubi im Garten- und Landschafts-bau, in Zug II seit 2014. 20 Jahre alt, ledig. Einziges »Hobby« ist die Feuerwehr, die ihn ganz ausfüllt.

»Für mein Porträt wurde ich ausgewählt, weil ich sehr engagiert bin und fast alle Termine wahrnehme.«

Für mich war der Einsatz in Meppen etwas Besonde-res. Das hatte ich vorher noch nie erlebt. Das enge Zusammensein mit den Kameraden und die sehr freund-liche Art der Leute dort, die sich bedankten und uns be-schenkten. Aber ist nicht nur Meppen.

Zwei Ereignisse sind es, an die ich mich besonders erinnere. Einmal war es die SMS zum Einsatz. »Person zwischen Toilette und Heizung eingeklemmt«, las ich. Wie das wohl zustande kommt, denkt man sich. Das fand ich jedenfalls komisch. Dann aber fiel mir ein, dass es die eingeklemmte Person vielleicht nicht so komisch fand.

Das andere Mal war es ein schwerer Verkehrsunfall mit To-desfolge. Da hatte ein 17-Jähriger Suizid verübt, ist gegen einen Baum gefahren. Nach dem Einsatz ging mir nicht aus dem Kopf, was wohl den 17-Jährigen zu diesem Entschluss gebracht hatte – ich war ja selbst erst 18 Jahre alt.

Jörg Goerke. Erster Hauptfeuerwehrmann. In Zug II seit 1986. Verheiratet.
Schätzt Camping, Boot fahren und natürlich die Feuerwehr.

»Für mein Porträt wurde ich ausgewählt, weil ich zu den Ältesten gehöre und am längsten dabei bin.«

1986 bin ich mit Mario zusammen in die Feuerwehr eingetreten. Die ganze Art war ja früher anders als heute. Die Menschen waren anders gestrickt. Wir haben früher unsere Probleme immer direkt miteinander besprochen.
Heute steht die Technik im Vordergrund. Nach schlimmen Einsätzen geht jeder nach Hause und frisst Probleme in sich rein – so etwas haben wir früher bei einem Bier geklärt.
Aber nun zu einem besonderen Ereignis. 2002 gab es Hochwasser auf der Elbe. Zu fünft, Mario war auch dabei, weiß ich noch, sind wir in der Kolonne zum Amt Neuhaus ausgerückt. Das war schon mal sehr beeindruckend. Eine Riesenkolonne, alle mit Blaulicht, Polizei voran, war schon ein toller Anblick, richtig Krisenlage.
Wir wurden zuerst eingesetzt zum Sandsäcke schleppen. Dann auch an der Abfüllanlage. Da kamen wir ganz schön ins Schwitzen. Aber es gab kein Bier. Wir haben dann dem Einsatzleiter in einer Pause gesagt, wir müssten mal zu einer

Tankstelle. Der fand das gut, die ganze Kolonne sollte zum Tanken. Also wurde aus dem Bier kaufen nix, da alle dabei waren.

Dann wurden wir eingesetzt mit unserem Boot. Auf dem Wasser trieben Baumstämme und allerlei großes Stückgut, die gefährdeten die Anlagen und die Deiche. Wir haben sie dann eingefangen und an Land gebracht, da wurden sie dann zersägt. Mit unserem Boot bin ich dann mal an die andere Seite des Ufers gefahren. Da war einer mit einem alten Auto, den habe ich gefragt, wo in der Nähe ein Laden oder eine Tankstelle sei. Da sagte er, dass er gerade Getränke gekauft hätte. Er hat mir einen Kasten verkauft. Den habe ich an Bord gebracht, hinten das Sitzbrett abgebaut und den Bierkasten darunter verstaut – musste ja keiner mitkriegen. Aber wir waren mit mehreren Booten, aus dem Landkreis Stade, wir waren dabei, wir waren also zu einem Zug zusammengefasst. Und der Zugführer wollte eine Kontrollfahrt machen, ausgerechnet mit unserem Boot, wo die andern doch viel schöner waren. Wir sind dann los, aber immer, wenn ich Gas gab, sprang das Boot über die Wellen und der Bierkasten schepperte. Der Zugführer sagte, ich soll mal langsamer fahren. Das Geräusch war weg. Wieder schneller – schepper, schepper. Werde ich untersuchen, habe ich gesagt.

Abends haben wir denn das Bier getrunken, mit fürchterlich viel scharfem Gebrannten aus der Gegend – Mann, war mir hinterher schlecht! Trotzdem am Morgen wieder raus – mit vier Mann einen großen Baum einfangen.

Plötzlich Geschrei, »eine Schlange, eine Schlange!«. Und alle Mann auf eine Seite, dass Boot kriegte richtig Schieflage, drohte umzukippen. Wir beruhigten uns schnell, da wir sahen, dass es nur eine Blindschleiche war.

Ja, so geht Seefahrt bei der Feuerwehr. Werd ich so leicht nicht vergessen.

Kim Falius. Fachinformatiker, Löschmeister; im Zug II seit Februar 1999. Mag Freunde treffen, Computerspiele und Filme.

»Für mein Porträt wurde ich ausgewählt, weil ich ein langgedientes Mitglied bin und hier im Zug einfach schon sehr viel mitgemacht und zum Teil auch geprägt habe. Ich werde netterweise der Mobbingbeauftragte genannt, an dem man gefühlt erst einmal vorbeimuss, um im Zug II anzukommen.«

Ein entscheidendes Erlebnis ist sicher, wenn man eine Person lebend aus dem Feuer herausholt. Ein Wohnungsbrand in voller Ausdehnung im zweiten OG. 2017, glaube ich. Da haben Rainer Burkhard und ich eine Person aus einem Flammeninferno herausgeholt. Das ist genau das Gefühl, für das ein Atemschutzgeräteträger ausgebildet wird, für das er lebt. Leider ist der Bewohner zwei Wochen später verstorben. Das ändert aber definitiv nichts daran, dass es der Einsatz war, der mir am meisten im Kopf geblieben ist. Der Brand war in voller Ausdehnung, das Feuer so heiß, dass dem zweiten Angriffstrupp hinter uns Putzteile von der Decke entgegenkamen.

Vielleicht ein klassisches Klischee, die Lebensretter blablabla – aber es ist mehr, auch wenn man es manchmal nicht so ausdrücken kann.

Mathis Evers. Oberlöschmeister; Gruppenführer; Atemschutzbeauftragter. Angestellter. In Zug II ab 1998, vorher Jugendfeuerwehr seit 1995.

»Für mein Porträt wurde ich ausgewählt, weil ich bei 3 nicht auf dem Baum war – vielleicht aber auch wegen meiner Funktionen.«

In den vielen Jahren bei der Feuerwehr gab es viele Ereignisse, an die ich mich erinnere – positive und auch negative. Zu den positiven Ereignissen gehört ein Einsatz, der unter die Kategorie »Technische Hilfeleistung« fällt. Wir wurden in eine Wohnung gerufen, wo sich ein kleiner Junge, vielleicht drei Jahre alt, im Badezimmer eingeschlossen hatte. Wir fanden die Mutter vor, tränenüberströmt, voller Sorge um ihr Kind. Die Tür ließ sich mit einem Schraubenzieher leicht öffnen, das hätte wahrscheinlich auch die Dame geschafft. Dann standen wir vor dem Jungen, der uns mit ganz großen erstaunten Augen ansah – richtige Feuerwehrmänner in Uniform! Im Gegensatz dazu das unglaublich glückliche Gesicht der Mutter. Das waren Augenblicke, die ich nie vergessen werde.

Ja, negative Erfahrungen gab es natürlich auch. Nein, verdrängt habe ich sie nicht, das wäre der falsche Ausdruck. Ich habe gelernt, damit umzugehen, ohne verdrängen zu müssen. Ich bin mir der Tatsache bewusst, dass es Leid auf der Welt gibt, ich aber nicht der Auslöser dieses Leides bin. Wenn ein solches Ereignis eintritt, kann ich es nicht ändern, aber ich bin an der Einsatzstelle und versuche, möglichst viel in etwas Positives zu wandeln. Das ist meine Einstellung als Feuerwehrmann!

Oliver Rosenau. Hauptfeuerwehrmann. »Kassenwart und Spendenbeauftragter« für die Akquisition zusätzlicher finanzieller Mittel für den Zug. In Zug II seit April 2007. Außenhandelskaufmann. Neben der Feuerwehr auch beim DRK engagiert. Schwimmen als Hobby. Höchste bisher erzielte Einzelförderung für den Zug ist eine Spende über 8000 $ von seinem Arbeitgeber, der *Archer Daniels Midland Company (ADM)*, für die Anschaffung einer modernen, kostenintensiven Wärmebildkamera.

»Für mein Porträt wurde ich ausgewählt, weil bei uns jeder zu Wort kommt – vom Löschknecht bis zum Zugführer. Ich bin der Löschknecht.«

Ein Mensch, der sich für die Feuerwehr entscheidet, lässt seinen Alltag zeitweise hinter sich und stellt sich neuen Herausforderungen. Die Anforderungen sind vielfältig. Es wird erwartet, dass wir jederzeit in der Lage sind, auch in schwierigen Situationen zu helfen. Das wird von uns trainiert. Dabei ist nicht vereinzeltes Heldentum gefragt, sondern der gesamte Einsatzzug als Kollektiv. Wir verrichten unsere Arbeit in einer respektvollen, professionellen Art und Weise, bei der jeder weiß, was er zu tun hat, was der Nächste macht, wie Zusammenarbeit funktioniert. Und das tut sie.

Im Lauf der Einsatzjahre sammeln wir Einsatzerfahrungen

und strahlen mehr Ruhe und Gelassenheit aus, was sich auch auf die jüngeren Kameraden überträgt. Für mich ist das Entscheidende die Teamarbeit. Der Begriff der Teamarbeit wird aber unterschiedlich aufgefasst und interpretiert. Was ich meine, ist die ursprüngliche Bedeutung, dass wir in der Gemeinschaft mehr sind als der Einzelne, wir uns aufeinander verlassen können, dort einspringen, wo wir gebraucht werden.

Eine Feuerwehr ist aber auch immer ein Abbild der momentanen Gesellschaft. Dort, wo Menschen unterschiedlichen Alters zusammenkommen und Dienst tun, gibt es auch immer unterschiedliche Meinungen, Ansichten und Vorstellungen. Hier besteht für uns die Herausforderung, kontinuierlich und gemeinsam daran zu arbeiten, das Gemeinschaftsgefühl und die Zusammenarbeit weiter zu stärken.

Die Freiwillige Feuerwehr genießt in der Bevölkerung ein hohes Ansehen und großen Respekt. Ich merke das, wenn ich in Uniform durch unser Einsatzgebiet ziehe und Spenden einwerbe. Es sollte die tägliche Aufgabe eines jeden Einzelnen von uns sein, aber auch aller politisch Aktiven in unserem Land, stets dafür Sorge zu tragen, dass dies auch so bleibt.

Im Alltag bin ich in Hamburg die Woche über als Außenhandelskaufmann mit Papier, E-Mails und Telefonaten voll ausgelastet. An Wochenenden und in meiner Freizeit tauche ich ein in eine herausfordernde und mich positiv in Anspruch nehmende Welt, in eine besondere Gemeinschaft: Zug II, Freiwillige Feuerwehr Buxtehude.

Sabrina Falius. Hauptfeuerwehr-frau. In Zug II seit April 2012. Krankenschwester und Mutter.

»Für mein Porträt wurde ich ausgewählt, weil ich als Frau noch zur Minderheit der Feuerwehr-Angehörigen zähle und ich andere Frauen/Mädchen zum Nachdenken über das Ehrenamt anregen will.«

Es gibt für mich eigentlich keine spezielle Situation aus meinem Feuerwehrleben, die mir spontan einfällt. Im Vordergrund stehen sicher die Einsätze, bei denen es um Personenrettung ging – bei Feuer oder auch bei schweren Verkehrsunfällen. Es gab auch mal lustige Einsätze, etwa, als wir hinter einem Schweinetransporter versuchten, Schweine einzufangen.

Meine Stärke liegt wohl darin, dass ich durch meinen Beruf als Krankenschwester auch gewohnt bin, mit schweren Unfällen umzugehen. Was Neuen manchmal schwer fällt – wenn es offene Wunden oder komplizierte Knochenbrüche gibt, kenne ich mich aus. Ich kann dann mit einer gewissen Sachlichkeit Hilfestellung geben. Außerdem, wenn ich dann vom Einsatz nach Hause komme, weiß ich, dass ich mein Bestes gegeben habe. Das betrifft auch die weniger dramatischen Einsätze – etwa eine Ölspur zu beseitigen, damit es nicht zu Folgeunfällen kommt.

Sehr wichtig allerdings ist mir die Kameradschaft im Zug, die vielfach auch Freundschaft geworden ist. Wir gehören zusammen, mit dem Ziel, anderen zu helfen.

Svenja Wilder, Hauptfeuerwehrfrau; kaufmännische Mitarbeiterin, näht gern und liebt kreatives Arbeiten. Für ihr Hobby als Model entwirft sie die Kreationen und fertigt sie weitgehend selbst.

»Für mein Porträt wurde ich ausgewählt, weil Feuerwehr nicht nur was für Männer ist.«

Für mich ist der Einsatz beim großen Moorbrand in Meppen etwas Besonderes gewesen. Abends wurden wir ins Gerätehaus gerufen. Da erfuhr ich, dass wir am nächsten Morgen ganz früh ausrücken würden. Das ohne spezifischen Einsatzbefehl. Aber aus der Presse wussten wir schon, worum es gehen könnte. Am nächsten Morgen um vier ging es dann los. Der Einsatz in Meppen war für uns nicht sehr aufregend – wir haben die Wasserversorgung mit sichergestellt. Was mich aber sehr berührt hat, war die Dankbarkeit der Bevölkerung. Die von einer Evakuierung Bedrohten waren echt froh, dass wir sie mit unserem Einsatz davor bewahrten, ihre Häuser verlassen zu müssen. So haben sie uns mit Obst, Gemüse und Gebäck versorgt. Auch fanden wir Flyer, die sie gedruckt haben, auf denen stand »DANKE«. Das gab uns dieses gute Gefühl, dass wir helfen konnten und unsere Hilfe ankam.

Übrigens, was meinen Status als »Frau« betrifft. Meine Wahrnehmung ist, dass ich voll dazugehöre. Ehe ich zum Zug II kam, habe ich ja schon in Immenbeck Dienst getan, kannte die Kameraden von Zug II schon aus der Zusatzausbildung. Ja, manchmal gibt es bei einem kleinen Streit schon mal ein paar freche Sprüche, aber da kann ich gegenhalten. Mir zeigt das, dass ich akzeptiert bin. Jedenfalls hat noch nie jemand gesagt, »geh aus dem Weg, das ist nichts für eine Frau«.

Yvonne Münch. Oberfeuerwehrfrau. Im Zug II seit Juni 2012. Pflegeassistentin. An erster Stelle steht die Feuerwehr, dann folgen Kochen, Schwimmen, Radfahren.

»Für mein Porträt wurde ich ausgewählt, weil Mario wie ich findet, dass mehr Frauen in die Feuerwehr eintreten sollten.«

Mein Verständnis des Feuerwehrdienstes konzentriert sich darauf, dass ich eine Feuerwehrfrau der »zweiten Linie« bin. Ich werde auch keine Feuerwehrkarriere machen, keine PA-Trägerin werden und damit keine Gruppenführerin. Aber ich weiß, dass ich immer wieder gebraucht werde, sei es im Wassertrupp, bei der Verkehrssicherung oder wo der Gruppenführer mich sonst einsetzt. Es ist mir auch egal, ob es warm oder kalt ist und ob es regnet oder schneit; in meiner Feuerwehruniform bin ich bei jedem Wetter einsatzbereit. Wenn ich einen Einsatzbefehl erhalte, bin ich dabei. Nicht unbedingt als Erste. Mein allererster Einsatz war ein sehr schwerer Verkehrsunfall, seitdem bin ich etwas zurückhaltender. Aber wie gesagt, wo und wie ich eingesetzt werde, ich bin dabei – mir geht es darum, im Rahmen meiner Möglichkeiten mit meinen Kameraden Menschen zu helfen.

Für mich war auch ein besonderes Ereignis, als wir das neue HLF 20, das moderne Hilfeleistungslöschfahrzeug, erhielten. Das geschah in richtig feierlichem Rahmen – ein gutes Gefühl, dazuzugehören.

Feuerwehr ist meine zweite Familie. Ich kann mir kein Leben ohne die Feuerwehr vorstellen.

Powerfrauen

Wie ergeht es wohl den Ehefrauen von Feuerwehrmännern? Die wurden befragt. Interviews mochten sie nicht, aber einige waren bereit, ihre Gedanken aufzuschreiben. Übereinstimmend schrieben sie von der Last, mit einem Mann zu leben, dessen Dasein von einem unberechenbaren Melder, dem »Piepser«, bestimmt wird.

»Als ich gefragt wurde, ob ich etwas zu meinem Leben als Frau eines Feuerwehrmanns schreiben kann, habe ich gedacht, ,warum nicht', aber nach einigem Überlegen dachte ich, ,besser nicht'. Jetzt sitze ich mal wieder allein zu Hause, der Pieper ging vor ein paar Minuten, und nun schreibe ich doch.

Der große Nachteil an den Einsätzen der Feuerwehr ist nun mal, dass sie nicht geplant werden können. So steht man mal in der Stadt und kommt nicht nach Haus, hat eine Verabredung und muss sie entweder absagen oder alleine wahrnehmen. Man möchte etwas zusammen im Haus oder Garten erledigen, Pustekuchen. Silvesterfeiern, war wohl nichts. Manchmal habe ich schon gesagt, mein Mann hat heimlich in der Zentrale angerufen, denn oft kommt ein Einsatz vor großen Feiern, oder wenn andere wichtige Sachen anstehen und man nicht mehr weiß, wo einem der Kopf steht.

Als unsere drei Kinder noch klein waren, fand ich das oft sehr belastend.

Da ich selber im sozialen Bereich gearbeitet habe, weiß ich aber, wie wichtig die Feuerwehr ist.

Ich bin selber viel ehrenamtlich unterwegs und verabrede mich spontan, sodass mein Mann mitunter ins leere Haus zurückkommt ☺. Als Feuerwehrfrau muss man flexibel sein.

Es gab in den ganzen Jahren mehrere Einsätze, an die ich keine guten Erinnerungen habe.

Der erste Einsatz war kurz nach unserem Umzug nach Buxtehude. Mein Mann war gerade unterwegs, um Keller auszupumpen, als durch das Kellerfenster ein Bach in unser Haus lief. In dem Augenblick hätte ich meinen Mann gerne zu Hause gehabt. Zum Glück hörte der Regen auf, bevor die Heizungsanlage unter Wasser stand.

Beim zweiten war mein Mann beim Einsatz, als es einen lauten Knall gab und direkt vor unserem Haus eine große Stichflamme aus einer Garage kam. Diesmal rief auch ich in der Zentrale an.

Der Verkehrsunfall an der Apensener Straße war am schlimmsten. Ich hatte mitbekommen, was für ein Einsatz das ist und wusste, mein Sohn ist evtl. auf der Strecke unterwegs. Die Zeit bis zur Nachricht, dass alles okay ist, war fast nicht auszuhalten.

Einmal bekam mein Mann, als er nur kurz zum Einkaufen wollte, einen Einsatz. Doof nur, dass er dabei vergessen hat, dass unsere damals 5-jährige Tochter allein zu Hause war. Zum Glück war ich auf einer Versammlung, die zu Fuß erreichbar war, als sie mutig im Schlafanzug losmarschierte, weil es anfing zu dämmern und sie Angst allein hatte. Die anschließende Aussprache verschweige ich jetzt lieber.

Am schlimmsten ist es, wenn wir nachts aus dem Tiefschlaf gerissen werden, dann kann auch ich oft nicht wieder einschlafen, bevor mein Mann zu Hause ist.

Bei Einsätzen mit Feuer fährt die Angst immer mit. Vor allem, nachdem meinem Mann vor Jahren ein Balken, zum Glück nur, auf die Schulter gefallen ist.

Oft ärger ich mich darüber, dass die Politiker geplant zur Versammlung gehen, dafür eine Aufwandsentschädigung bekommen und die Feuerwehrleute nicht einmal ihre Fahrten zum Einsatz von der Steuer absetzen können. Für die meisten Feuerwehrleute gibt es keinen finanziellen Ausgleich oder Anreiz.

Ich hoffe, dass die Kameradschaft und das gute Gefühl, jemandem zu helfen, auf Dauer ausreicht, um Nachwuchs für die Feuerwehr zu bekommen, vorstellen kann ich mir das leider nicht.

Aber da ist die Politik am Zug.«

Eine Feuerwehrfrau lässt sich jedoch nicht kleinkriegen, sie organisiert ihr Leben neu:

»Ruhiger Urlaub findet außerhalb Buxtehudes statt und auch Silvester verbringen wir schon mehrere Jahre nicht mehr hier. Bei Familienfeiern muss der Melder ausbleiben.

Das sind die Absprachen, die eingehalten werden müssen, damit die Familie ihr Recht bekommt. Sonst würde das Leben an der Seite eines Feuerwehrmannes nicht klappen.

Unsere Kinder sind sehr sensibel, was Feuer und Unfälle angeht. Bei einem Probealarm in der Schule hat meine Tochter alle Kinder aus der Klasse gescheucht, obwohl die Lehrerin noch Sachen zusammenpacken wollte. Auch Gegenstände auf der Herdplatte oder Benzin zum Grillanzünden sind ein No-Go. Die Feuerwehr ist Vorbild.«

Auch andere Frauen fanden positive Aspekte. So schreibt die Ex-Frau eines Feuerwehrmannes, Kauffrau im Einzelhandel, Mutter von zwei Kindern:

»Ich habe einen Heidenrespekt vor der Arbeit der Freiwilligen Feuerwehr. Egal wo man gerade steht, liegt oder sitzt, kann es plötzlich zu einem Einsatz kommen, manchmal schwere und manchmal wiederum Lappalien oder wo man denkt, es ist nichts Großes; da stellt sich plötzlich heraus, es ist doch jemand akut in Gefahr.

Richtig toll finde ich die Gemeinschaft/Kameradschaft, die gerade bei Zug II großgeschrieben wird. Es werden Kanutouren, Weihnachtsfeiern, Oktoberfeste, Bälle veranstaltet. Und auch hier bin ich als Ex-Frau noch willkommen.«

Die Frau eines Zugführers schreibt:

»Mein Mann wurde im Januar 1991 zum Zugführer vom Zug II durch die Verwaltung der Stadt Buxtehude ernannt und eingesetzt.

Mit der Ernennung kamen die Aufgaben. Personalverwaltung, Personalgespräche, Haushaltsüberwachung, Ausarbeitung der Dienstabende, Vorbereitungen von Schulungen, Sitzungen, usw. Kindergärten und Schulen spielerisch die Aufgaben eines Feuerwehrmannes mit den roten Autos und Martinshorn zu vermitteln. Ach ja, der ‚Pieper' hatte sich auch noch gemeldet.

Neben den vielen Aufgaben und der großen Verantwor-

tung gab es auch sehr nette gesellschaftliche Anlässe, die uns immer sehr viel Freude und Spaß bereitet haben.

Tagsüber ist er seiner Tätigkeit als Beamter in Hamburg nachgekommen, anschließend wurden Termine für die Feuerwehr wahrgenommen. Einsätze kamen unvorhersehbar dazwischen. Ob es zeitlich passt oder nicht … Unser Tag wurde durch die Feuerwehr bestimmt, die gemeinsame freie Zeit wurde deutlich weniger. Obwohl wir alles gemeinsam geplant hatten, kam es manchmal anders. Was für mich kein Problem war, denn mein Herz schlägt für meinen Mann und sein Hobby, ‚die Feuerwehr'.
Der Spagat zwischen Beruf, Feuerwehr, Haus, Frau und unserem Privatleben wurde immer größer, hier musste sich etwas ändern. Er bekam meine volle Unterstützung und ich versuchte, ihm den Rücken freizuhalten. Nun war ich nicht nur seine Frau, ich bekam auch die Rolle der Sekretärin.
Für mich waren es wunderbare 21 Jahre an der Seite des Zugführers. Auch wenn die Zeit manchmal sehr aufregend war und uns viel Zeit gekostet hat. Es hat sehr viel Spaß gemacht. Diese Zeit mag ich nicht missen.
Liebe Feuerwehrmänner und Feuerwehrfrauen, ich wünsche uns allen ein wundervolles Jubiläum. Kommt von den Einsätzen immer gesund zurück, und Dank all denen, die uns nicht nur in brennenden Situationen behilflich sind.«

Zug II liebt klare Worte. Eine Frau bringt es auf den Punkt: »Trotz allem und unzähliger allein verbrachter Abende finden wir Piepser-Frauen unsere Männer großartig, wenn sie nur mal kurz die Welt retten oder zumindest ihren Teil dazu beitragen!«

Geschichten.

Retten

Es ist heiß an diesem Juliabend. Tanja steht nach einem anstrengenden Arbeitstag unter der Dusche. Grillen ist angesagt. Da meldet sich ihr Pieper.

Brand in der neuen Siedlung.

Hemd übergezogen, Unterhose, Jeans. Das Auto steht vor der Tür, die Straße ist frei, sie ist unter den ersten drei, die am Eichholz eintreffen. Das Tor für das HLF 20, das »Hilfeleistungslöschfahrzeug«, steht schon offen. Gerade wird der Motor angelassen. Der Gruppenführer empfängt sie.

»Moin. Beeil dich. Da sind Personen im Haus.«

Tanja sprintet zu ihrem Schrank. Einsatzhose an, die steckt schon in den Stiefeln. Helm und Jacke gegriffen. Läuft zurück, rechte Seite des Fahrzeugs, der Gruppenführer hilft ihr in die Jacke. »Rein mit dir! Bist im Angriffstrupp.«

Er springt in den Wagen, kurzer Blick. Die Gruppe ist vollzählig. Er nickt dem Maschinisten am Lenkrad zu. »Ab geht's!«

Der Angriffstrupp sitzt mit dem Rücken zur Fahrtrichtung. Hinter den Sitzen befinden sich die schweren Atemschutzgeräte, die Pressluftatmer. Sie werden während der Fahrt angelegt. Ein immer wieder geprobter Vorgang. Alle Handgriffe müssen sitzen, das Leben hängt davon ab.

Tanja merkt, dass sie aufgeregt ist – ihr erster Einsatz im Angriffstrupp. Verständlich, sie gilt als besonders fit.

Tanja greift nach dem PA. Gleichzeitig hat sie eine danebenliegende schwarze Dose an sich genommen. In dieser Dose befindet sich, eingeschweißt, die desinfizierte Atemschutzmaske. Tanja setzt sie auf, prüft, ob sie dicht ist. Dann wird die Flammenschutzhaube über die Maske gezogen. Jetzt ist der Kopf vor einer Stichflamme geschützt.

Dirk, der neben ihr sitzende Truppführer, sieht sie an. »Kommst du klar?«

Tanja nickt. Sie fahren gerade an der Tankstelle vorbei. Jetzt wird es knapp mit der Zeit.

Feuerwehrhelm aufgesetzt, Verschließen des Luftanschlusses mit der Handfläche, Luft einziehen – Entspannung, die Maske ist dicht!

Jetzt erst kann der Pressluftatmer aus der Halterung genommen werden. Er wird auf den Rücken geschnallt.

Am Einsatzort: Lungenautomat in die Atemschutzmaske einschrauben, Druckkontrolle. Lampe einhaken, Handschuhe.

Tanja schwitzt. Bei einer Außentemperatur von gut 20° sind die Jacke und die Einsatzhose über der Jeans nicht gerade die ideale Bekleidung für eine heiße Sommernacht.

»Grillen habe ich mir anders vorgestellt.«

Das Fahrzeug hält. Sie springen heraus. Tanja läuft an ihrer Seite des Fahrzeugs zu ihrem »Fach«. Der Gruppenführer hat schon die Rollläden hochgeschoben. Sie greift sich ihre Ausrüstung, mit Brecheisen und C-Strahlrohr. Der Truppführer übernimmt auf seiner Seite die Axt und einen Schlauchkorb. Der Melder reicht dem Gruppenführer das Registrierbord. Sie haben ihm während der Fahrt das kleine Schild zur Identifizierung des PA gegeben. Er macht einen Haken hinter ihre Namen.

Die Einsatzlage ist beim Eintreffen schon im Wesentlichen bekannt – »Brand im 1. OG, Personen in Wohnung vermutet, Treppenhaus kaum passierbar«. So erfolgt nur eine kurze Einsatzbesprechung, eher eine Befehlsausgabe. Unter anderem ist die Wasserversorgung sicherzustellen.

»Unterflurhydrant etwa fünfzig Meter Richtung Hauptstraße, unsere Straßenseite, ein B-Schlauch zum Verteiler. Verteiler vor die Haustür. Innenangriff über Treppenhaus.«

Tanja ist kribbelig. Da war doch die Rede von Personen, die vielleicht in der brennenden Wohnung wären. Zweitausend Liter Wasser sind in ihrem Fahrzeug vorhanden, wenn es nach ihr ginge, würden sie jetzt loslaufen. Aber erst mal den PA aktivieren. Zusammen mit dem Truppführer verbindet sie Maske und Luftflaschen. Gegenseitige Kontrolle, Eintrag der Zeit in das Bord – der Gruppenführer kontrolliert die Einsatzzeit. Sie erinnert sich an das, was ihr Zugführer ihr eingebläut hat: »Von Zug II betritt KEIN Angriffstrupp ein brennendes Objekt ohne Wasserversorgung – auch nicht mit dem Schnellangriffsschlauch, der nur aus dem Fahrzeug gespeist wird. Das ist eine Grundregel, von der es nur extrem wenige Ausnahmen gibt. Führungssache. Sicherheit geht vor.« Dies ist eine Ausnahmesituation!

Inzwischen sind sie zur Haustür gegangen, haben den C-Schlauch aus dem Korb genommen, ausgerollt und am Verteiler angeschlossen. Tanja verbindet das Strahlrohr mit dem Schlauch, der Truppführer des Angriffstrupps gibt den

Befehl: »Wasser marsch!« Am Fahrzeug antwortet der Maschinist mit »Verstanden« und Handzeichen. Er gibt »Wasser marsch!« an den Schlauch- und Wassertrupp. Die wissen jetzt, dass sie sofort den Hydranten aufdrehen können, da inzwischen die Leitungen vom Hydranten zum Fahrzeug und vom Fahrzeug zum Verteiler stehen.

Tanja und ihr Truppführer Dirk laufen los.

»Funkcheck!«

Der Gruppenführer bestätigt eine einwandfreie Verbindung. Sie arbeiten noch mit den »alten« analogen Handsprechgeräten. Die gelten als sehr zuverlässig, die Verständigung ist auch bei Störungen noch möglich.

Die Haustür ist nicht verschlossen. Im Flur kommt ihnen hustend ein älteres Ehepaar entgegen. »Da sind noch Leute in den Wohnungen und wo es brennt, sind die Eltern nicht zu Hause, aber sie haben zwei Kinder.«

Der Truppführer gibt die Information per Funk an die Einsatzleitung weiter.

»Danke. Wir schicken Verstärkung. Zug I ist gerade angekommen.«

Das Treppenhaus ist dunkel, weil voller Rauch. Sie steigen die Treppe hinauf. Tanja ist danach, hinaufzulaufen, die Kinder! Doch sie erinnert sich an die mahnenden Worte des Zugführers während der letzten Übung: »Geh langsam, du hast es eilig!«

Sie dürfen auf der Treppe nicht stolpern. Müssen darauf achten, dass ihr Schlauch richtig liegt.

Als sie oben angekommen sind, ist Tanja bereits durchgeschwitzt. Die Wohnungstür steht einen Spalt weit offen, sie ist durch eine Kette von innen gesichert. Dichter schwarzer Qualm dringt in den Treppenflur.

Ein kräftiger Schlag mit der Axt auf die Kette, sie können in die Wohnung. Ihnen schlägt Hitze entgegen, sehen können sie kaum. Aber am Boden ist der Rauch nicht so dicht. Dirk hat die Wärmebildkamera eingeschaltet.

»Da vorne.«

Tanja zieht den Hebel des Strahlrohrs nach hinten, fängt den Rückstoß auf und hält den Strahl in Richtung der Flammen. Kriechend bewegen sie sich an der Wand entlang. Erste Tür. Griff nach oben, nach der Klinke getastet, die Tür schwingt nach innen. Der Raum ist fast rauchfrei.

»Keine Personen.«

Aus dem Zimmer am Ende des Flurs schlagen wieder Flammen. Tanja bekämpft sie kurz mit dem C-Rohr.

»Das nächste Zimmer.«

Tatsächlich: zwei Kinder im Bett. Ein Mädchen richtet sich auf, reibt sich die Augen. Dann sieht sie die furchteinflößende Gestalt des Truppführers.

»Mamiiiii!«

Truppführer Dirk hat die Tür wieder zugeschlagen. Das ist zwar nicht vorschriftsmäßig, da der Trupp zusammenbleiben muss, aber nur so kann er verhindern, dass zu viel Rauch in das Kinderzimmer kommt.

»Zwei Kinder im Zimmer zum Hof. Flur brennt.«

Der Einsatzleiter entscheidet blitzschnell.

»Leiter dauert zu lange. Bringt sie in den Treppenflur. Da haben wir jetzt vier Leute mit PA. Unten vor der Tür sind die Sanis.«

Inzwischen ist auch der Junge aufgewacht, er klammert sich an die Schwester.

»Ist das ein Einbrecher?«

»Eigentlich ja«, denkt Dirk, aber er wendet sich den beiden Kindern zu.

»Ich bin von der Feuerwehr. Es brennt und ihr müsst mit mir mit.«

Der Truppführer öffnet die Tür, ruft Tanja. Die ist mit drei Schritten im Zimmer. Einen Augenblick lang ist sie versucht, das C-Rohr abzulegen, um den Jungen zu ergreifen. Aber ihr fällt ein, was sie vom Zugführer gelernt hat: »NIEMAND von unseren Angreifern lässt seinen Schlauch liegen. Das ist die Lebensversicherung.« Mit dem Schlauch geht sie ins Zimmer.

Das Nächste ist vielfach geübte Routine. Rettungsgriff. Der Junge wehrt sich einen Augenblick, lässt sich dann aus dem Zimmer schleifen. Der Truppführer hat schon das Mädchen ergriffen. Am Schlauch entlang tasten sie sich kriechend aus der heißen Wohnung.

Im Treppenhaus reagieren die Kameraden. An der Wohnungstür werden die Kinder weitergereicht.

Der Angriffstrupp kehrt sofort in die Wohnung zurück, Tanja zerrt ihr Strahlrohr heran, hält abwechselnd mit Vollstrahl und Sprühstrahl auf das Feuer.

»Kinder im RTW, werden versorgt«, hört der Truppführer. »Wie sieht es aus? Angriff von außen mit C-Rohr kommt.«

»Wir arbeiten uns vor, zweites Rohr wäre hilfreich.«

Dann hört der Einsatzleiter einen schrillen Piepton.

»Das ist der PA von Tanja, sie hat viel Luft verbraucht.«

»Verstanden, ihr werdet abgelöst.«

Der Einsatzleiter befiehlt zwei Männern aus dem Wassertrupp, die schon mit PA als Sicherheitstrupp bereitstehen, Tanja und Dirk abzulösen. Das funktioniert, im Treppenhaus kommt ihnen schon der nächste Angriffstrupp entgegen. Der Flur wird inzwischen belüftet, sie finden nach draußen. Dirk und Tanja schließen die Ventile der Lungenautomaten, trennen sie von der Maske, setzen den Helm ab und die Atemmaske. Sie gehen zum HLF 20, melden sich beim Gruppenführer, der trägt ihre Ablösung mit der Uhrzeit auf dem Registrierbord ein.

Dirk grinst, als er Tanja eine große Flasche reicht. »Wasser marsch.«

Sie setzen sich erschöpft auf den Boden, lehnen sich an ein Rad ihres Fahrzeuges.

»Waren wir gut?«, fragt Tanja.

Dirk schweigt einen Augenblick.

»Tja. Die theoretischen Vorschriften. Ich hätte dich nicht allein auf dem Flur lassen dürfen. Und du hast dein Strahlrohr auf den Fußboden gelegt, als der Junge nicht mitwollte. Aber sonst …«

Retten. VU.

Er ahnte es. Es würde ein mistiger Mittwoch werden. Das hatte schon damit angefangen, dass ihn auf dem Wege vom Bahnhof nach Hause ein Regenschauer erwischte und ihn durchnässte. In der Küche fand er nicht, wie sonst nach der Nachtschicht, heißen Kaffee vor. Also zog er sich aus, ließ die Klamotten auf einem Haufen im Bad und kroch ins Bett. Kurz nach zehn weckte ihn seine Frau. »Wir wollen doch in die Stadt, eine neue Hose für dich kaufen, für die Verlobung von Tina.«

Richtig wach war er auch noch nicht beim Frühstück. »Ich hab einen blöden Traum gehabt«, erklärte er. »Du hast mich geweckt und mir erzählt, dass du hinten in mein Auto gefahren bist und die Schlussleuchte hinüber ist.«

Seine Frau schluckte.

»Das war kein Traum.«

Auf dem Weg in die Stadt dann der Alarm. Auto gewendet, mitten auf der Straße – das Gehupe ignoriert, auch den Stinkefinger eines Fußgängers. Als einer der Ersten am Gerätehaus, fand keinen Parkplatz, sprang aus dem Auto, »tschüss!«, lief zu seinem Schrank. Hinein in die Hose, die Stiefel, Jacke übergezogen, Helm auf.

Der Gruppenführer war schon da, zeigte auf den ersten Wagen.

»Moin, Schorsch, Truppführer.«

Georg Münster, genannt Schorsch, setzte sich, an ihm vorbei quetschte sich der Melder, gegenüber nahmen die vier Kameraden Platz, die den Wasser- und den Schlauchtrupp bildeten.

Der Maschinist startete den Motor, fuhr los, die Absaugvorrichtung für den Auspuff schepperte. Erst jetzt realisierte Schorsch, dass er endlich mal Truppführer des Angriffstrupps war. Feuer löschen! Was der Gruppenführer dann vorlas, entsprach der Regendusche am frühen Morgen.

»Schwerer Verkehrsunfall. Lkw hat einen Pkw gerammt, Pkw nach Überschlag an Laternenmast, Insassen eingeklemmt, schwer verletzt. Fahrer des Lkw wahrscheinlich mit SHT noch im Fahrerhaus.«

»Schädel-Hirn-Trauma«, realisierte Schorsch, und dann mit einem Schock, »die Leute aus dem Pkw müssen wir herausschneiden.« Die würden bestimmt bluten, und ihm wurde so leicht schlecht, wenn er Blut sah. Dann fiel ihm ein:

»Bestimmt Brandgefahr. PA anlegen?«, fragte er den Gruppenführer.

»Stimmt. Aber ihr geht gleich mit dem Spreizer und der Schere vor. Den Brandschutz übernimmt zunächst der

Schlauchtrupp, dann der zweite Wagen, die Sicherung der Straße die Mannschaft vom Logistikfahrzeug.«
Schorsch holte tief Luft. »Umschalten auf Feuerwehrmodus.«
Er musste sich jetzt auf seine Aufgabe vorbereiten.
»Kennen wir den Pkw-Typ?«
»Nein, älterer Japaner, wahrscheinlich solider Mittelholm. Keine ausgeprägte Knautschzone, bestimmt keine Seitenairbags. Keine Rettungskarte.«

Einen Augenblick lang hörten sie nur das Martinshorn und das Schimpfen des Maschinisten.
»Die Kerle haben ihren Führerschein im Lotto gewonnen – wie kann man nur so bescheuert fahren. Fahr rechts ran, du Blödmann! Siehst doch, dass ich vorbei will. Abfaulen soll er dir ...«
Dann hielten sie. Schorsch und seine Truppfrau sprangen aus dem Wagen. Sie holte die hydraulischen Spreizer und die hydraulische Schere, Schorsch griff sich ein Halligan-Tool und ging auf das Blechding zu, das ein Auto gewesen war. Er hatte mal einen Film über die Verschrottung alter Pkw gesehen, so ähnlich sah das aus. Nur an einer Stelle hing ein Arm aus dem Blechgewirr.
Ein Mann trat auf Schorsch zu.
»Ich bin von dem RTW da. Ein Mann und eine Frau im Auto. Böse verletzt, aber beide leben noch, zumindest die Beifahrerin ist noch bei Bewusstsein. Seht zu, dass ihr sie schnell rausholt.«
Schorsch hörte noch, wie der Gruppenführer den Wassertrupp zur Sicherung der Eisatzstelle befahl, sah zu ihm hinüber.
»Vor.«

Schorsch nickte.

»*Prüfen, ob das Unfallopfer mit dem Retter verwandt ist*«, fiel ihm die Dienstvorschrift ein. Ein kurzer Schreck – seine Tochter wollte ja aus Düsseldorf mit ihrem Freund zur Verlobung kommen.

»Feuerwehrmodus«, rief er sich zur Ordnung.

Am Fahrzeug entfernte er vorsichtig die Glasreste der Fahrertür, legte den jetzt halb heraushängenden, blutenden Arm der jungen Frau nach innen.

»Alles wird gut, ich bin bei Ihnen, wir holen Sie gleich raus.« Sie nickte nur.

Schorsch drehte sich um, der Melder hatte schon die Hydraulikschläuche für die Rettungsgeräte gelegt – »*kein Knick in den Schläuchen, sonst kannst du die Anwendung knicken*«, hieß es im Training.

Seine Truppfrau reichte ihm ein Verbandspäckchen.

»Sie blutet so doll. Am Kopf.«

Ach ja, Blut. Behutsam wickelte Schorsch der Verband um den Kopf der jungen Frau.

»So, gleich geht es Ihnen besser. Der Arzt ist unterwegs.«

Jetzt brauchte er das Halligan-Tool.

»*Der Ersthelfer bleibt unbedingt beim Unfallopfer und wirkt beruhigend. Ein Unfallschock muss unbedingt vermieden werden.*«

»Es wird gleich ein wenig laut werden, ich muss mit Kraft die Tür öffnen.«

Seine Truppfrau hatte schon richtig reagiert, reichte ihm das Brecheisen. Schorsch setzte es an den beiden Türangeln ein, zweimal ein Ruck, die Tür fiel auf die Straße.

Der Gruppenführer hatte inzwischen die Einsatzstelle eingerichtet. Die Tür wurde nach rechts entfernt.

»Unfallopfer verklemmt«, meldete Schorsch.

Der Sitz war weit nach vorne geschoben, das Armaturenbrett befand sich vor der Brust der jungen Frau. Von Airbags war nichts zu sehen. Schorsch griff nach links zum Spreizer, setzte ihn an die vordere, die A-Säule des Fahrzeugs und an die vordere Kufe des Sitzes.

»Es gibt gleich einen kleinen Ruck, nicht erschrecken.«

Die Frau seufzte.

Nach wenigen Sekunden war eine Öffnung entstanden. Das Armaturenbrett drückte nun nicht mehr auf die Brust des Unfallopfers. Vorsichtig griff Schorsch über die Frau und löste den Sicherheitsgurt.

»Spineboard vor!«, hörte er hinter sich. Es war nicht ganz einfach, die junge Frau auf die Trage zu legen. Zu viert gelang es – das Training bewährte sich.

Schorsch registrierte, dass inzwischen die Unfallstelle mit einem mobilen Rauchverschluss gegen Gaffer und Lärm abgesichert wurde.

»Ein Rauchverschluss besteht aus nicht brennbarem Tuch, welches an einem Metallrahmen befestigt ist. Dieser Metallrahmen wird mit einer Spreizstange gespannt«, fiel ihm ein.

»Wir schneiden das Dach auf«, entschied der Gruppenführer. »Der B-Holm hat ihn eingeklemmt. Du, Schorsch, rutschst vor und schneidest die Pedale ab.«

Der Fahrer schien völlig zerschnitten, die Gliedmaßen hingen teilweise herab. Überall tropfte Blut. Schorsch holte tief

Luft, er spürte, wie Übelkeit in ihm hochstieg. Es roch nach Schweiß, Urin und Benzin.

»Batterie abklemmen, Brandgefahr durch Kurzschluss vermeiden«, hatte Schorsch gelernt. Aber das war nicht seine Aufgabe. Er legte sich vor die Sitze, griff die Hydraulikschere, kroch zu den Pedalen.

»Alles wird gut, gleich befreien wir Sie. Sie erhalten jetzt erst mal eine Spritze gegen die Schmerzen«, hörte er schräg von oben.

»Für mich bitte auch, mir wird schlecht und ich kriege einen Krampf im Bein«, dachte Schorsch. Er führte die Schere am Bein des Unfallopfers vorbei, setzte sie an den Pedalen an. Zweimal ein deutliches »Knack«.

»Füße frei«, meldete Schorsch. Dann kroch er zurück.

Draußen nahm ihm seine Truppfrau den Spreizer ab.

»Bitte um Ablösung.«

»Schon veranlasst«, bestätigte der Gruppenführer und klopfte Schorsch auf die Schulter. »Hast einen guten Job gemacht, setz dich mal dorthin.« Die Kameraden schnitten eine große Öffnung in das Wrack, befreiten den schwer verletzten Fahrer und übergaben ihn an den Notarzt und die Besatzung des Rettungswagens.

»Morphium und wir legen erst mal einen Zugang«, hörte Schorsch noch, ehe sich die Schiebetür schloss. Dann wurde sie noch einmal geöffnet. Eine schlanke Hand erschien mit einer durchsichtigen Plastiktüte.

»Könnt ihr bitte noch mal nachsehen – mir fehlen noch zwei Finger.«

Löschen

Der Notruf, der bei der Leitstelle einging, klang etwas ungewöhnlich.

»Tachchen. Kleines Malheur passiert. Die Bratkartoffeln sind angesengelt. Nun ist da in der Küche ein Peserchen. Vielleicht möcht mal einer vorbeisehen.«

Durch geduldiges Fragen erfuhr der Disponent, was er wissen musste, unter anderem die Adresse und dass die schon sehr betagte Dame aus Ostpreußen stamme, entsprechend »Peserchen« mit »Feuerchen« zu übersetzen sei.

Was der Zugführer als E-Mail las, klang nach einem relativ harmlosen Küchenbrand.

Als der Zug ausrückte, war ein zweiter Notruf eingegangen.

Da war schon von Flammenschein die Rede. Der Disponent begann, weitere Wehren zu alarmieren.

Birgit war gerade zu Hause losgefahren, als der Alarm kam. Schade, sie hatte ihren neuen, modischen Blazer an, der wäre durchaus ein Partyhit geworden. Nur hing er an ihrem Schrank im Gerätehaus – ohne den entscheidenden Knopf, der beim hastigen Umziehen abgesprungen war. Aber immerhin, sie gehörte mit zu den Ersten, die am HLF eintrafen. Jetzt saß sie als Truppfrau im Angriffstrupp, merkte, dass sie aufgeregt war, bemühte sich, cool zu wirken, während sie ihren Pressluftatmer anlegte.

Der Zugführer indessen befasste sich schon mit der wahrscheinlichen Lage vor Ort. Die Wohnung lag in einer Reihenhaussiedlung. Die Adresse »13d« wies darauf hin, dass es sich um ein Haus in der Mitte handelte. Ungünstig erschien, dass die Häuser senkrecht zur Straße standen – mit einem Garten hinter den Häusern, einem weiteren Garten vor der nächsten Häuserzeile und jeweils einem schmalen Gang vor den Häusern.

»Ein RTW ist vor Ort, fängt an, die Räumung vorzubereiten«, meldete sich die Einsatzzentrale.

Der Gruppenführer drehte sich zum Angriffstrupp um.

»Ich kenne die Häuser. Jeweils zwei Wohnungen unten und im ersten Geschoss. Teilweise ausgebautes Dach, auch abgehängte Decken. Durchgehende Holzkonstruktion des Daches.«

Den Truppführer Martin interessierte das im Augenblick wenig. Ihm schien die Frage vorrangig, ob sich Menschen in Gefahr befanden.

»Wie sieht das mit den Einwohnern aus? Müssen wir die aus den Wohnungen holen?«

»Klären wir gleich. Wir sind da. Absitzen.«

Sie sprangen aus dem Wagen, der Truppführer überlegte kurz, ob sie den Behälter mit der Aufschrift »Türöffnung« mitnehmen sollten, entschied sich jedoch für das Halligan-Tool. Seine Truppfrau hatte bereits das C-Rohr ergriffen.

»Wassertrupp zum Hydranten. Der steht etwa 50 Meter die Straße runter. Verteiler vor den Eingang von 13d. Schlauchtrupp als Sicherheitstrupp. Bereitschaft.«

Der Zugführer erschien, wandte sich an den Gruppenführer.

»Ihr übernehmt die brennende Wohnung. Erster Stock rechts.«

»Brennende Wohnung, erster Stock rechts«, wiederholte der Gruppenführer.

»Die Wohnung ist auf alle Fälle frei von Personen, eine alte Dame ist schon auf dem Weg ins Krankenhaus, wahrscheinlich leichte Rauchvergiftung. Der Enkelsohn macht Urlaub auf Malle.«

Der Gruppenführer kriegte mit, dass inzwischen das TLF 16, das Tanklöschfahrzeug, eingetroffen war und das Nachbarhaus schützen sollte.

»Das gibt ein Gemuse«, dachte er, als er den schmalen Gang entlangging. Im Eingang 13d stand ein Schrank, ein dicker Mann versuchte, ihn nach draußen zu bewegen.

»Wird Zeit, dass ihr endlich an den Laden kommt«, wurde der Gruppenführer begrüßt, »ihr habt wohl 'nen toten Gang in der Hose. Fass mal mit an, soll auf die Straße, dann muss ich noch mal rein, das Buffet.«

Der Gruppenführer baute sich vor dem Mann auf.

»So geht das gar nicht. Sie gehen jetzt bitte sofort auf die Straße.«

»Ich denk nicht dran. Die anderen aus unserm Haus sind ja alle abgehauen, Schisser, die. Aber ich …«

»Sie gehen jetzt auch aus dem Weg, sonst gibt es gewaltigen Ärger. Widerstand gegen eine amtliche Anordnung.« Truppführer Martin trat dazu.

»Behinderung des Löscheinsatzes? Problem ist lösbar.« Er schlenkerte unübersehbar mit dem Halligan-Tool.

Der dicke Mann trollte sich.

Der Wassertrupp kam.

»Wasserversorgung steht.«

»Der Schrank dort ins Gebüsch. Schlauchtrupp ist Sicherungstrupp. Angriffstrupp über die Treppe zum ersten Obergeschoss rechts. Vor!«

»Erstes Obergeschoss rechts.«

Der Befehl »Wasser marsch!« hatte inzwischen den Maschinisten erreicht, die Schläuche erwachten zum Leben.

Martin und seine Truppfrau begannen den Aufstieg. Das Treppenhaus war nur leicht verraucht, im Licht von Martins Lampe legten sie ihren Schlauch. Birgit zählte laut mit:

»Sechs Stufen, Absatz nach rechts, zwei Stufen, nach rechts, sieben Stufen. Wenn wir zurückmüssen, ist das Treppenhaus schwarz von Rauch.«

Truppführer Martin fiel ein, dass »Obergeschoss rechts« jetzt für sie bedeutete, dass die brennende Wohnung links lag.

Die Wohnungstür war verschlossen. »Oma Ostpreußen« war bei ihrem Anruf aufgefordert worden, die Wohnung unverzüglich zu verlassen. Dieser Aufforderung war sie nachgekommen, hatte die Wohnungstür ordentlich verschlossen. Jetzt lag sie im Rettungswagen auf dem Weg ins Krankenhaus, den Wohnungsschlüssel sorgfältig in der Kittelschürze verwahrt.

Martin drückte gegen die Tür, rüttelte, oberhalb des Schlosses schien sie etwas nachzugeben.

»Opa«, entschied er. »Öffnung schaffen; Halligan-Tool positionieren; aufbrechen.«

Er setzte den Dorn des Halligan-Tools an, nickte Birgit zu. Zwei Axtschläge, eine Öffnung entstand, aus der dicker Rauch quoll. Martin drehte das Halligan-Tool um und positionierte die Klaue in der Öffnung für einen wirksamen Hebel. Ein kräftiger Ruck, die Tür sprang nach innen auf. Truppführer und Truppfrau ließen sich fallen: Der Flur war völlig verraucht, nur ganz unten gab es etwas Sicht. Weiter vorne waren Flammen zu sehen, die konnte Birgit schnell löschen. Martin schaltete die Wärmebildkamera ein. Rechts auf seinem Display war ein schwarzer Fleck – offensichtlich ein Flurschrank. Links gab es zwei Wärmequellen, vielleicht Türen von Zimmern, in denen es brannte.

Martin meldete sich beim Gruppenführer.

»Wir sind drin. Der Flur brennt, wahrscheinlich auch Vollbrand in mindestens einem Zimmer.«

Truppführer und Truppfrau robbten vorwärts. Die erste Tür fühlte sich kühl an, ließ sich leicht öffnen. Die Gästetoilette. Sie krochen weiter. Immer wieder schlugen Flammen in den Flur.

Dann die zweite Tür. Martin zog den Handschuh aus, betastete das Türblatt. Oben fühlte sie sich sehr warm an. Die Tür einfach zu öffnen, verbot sich: Es bestand Gefahr, dass bei plötzlicher Sauerstoffzufuhr eine »Durchzündung« das Feuer explosionsartig vergrößerte.

»Fognail wäre jetzt praktisch«, dachte Martin, aber den einzusetzen, würde zu lange dauern. Es gab eine andere Lösung. Er nahm das Halligan-Tool, fasste es in der Mitte und rammte es mit einem kräftigen Schlag in die Tür. Ein Loch entstand, Birgit zwängte das Strahlrohr hindurch. Mit »Sprühstrahl« konnte sie schon mal eine Kühlung bewirken und Ruß binden.

Sie legten sich auf den Boden, Martin griff nach oben und öffnete die Tür. Dicker Qualm verhinderte jede Sicht.

»Gegenüber der Tür muss ein Fenster sein. Gib mal Vollstrahl.«

Birgit folgte der Anweisung, es klirrte, der Rauch konnte abziehen.

Martin kroch in das Zimmer, nutzte die Wärmebildkamera, um sich einen Eindruck zu verschaffen. Offensichtlich brannte die Decke, dann gab es voraus und an der linken Seite zwei Wärmequellen.

Hitze herrschte in dem Raum, links stand ein Sofa in Flammen. Das löschte Birgit mit zwei Wasserstößen.

Sie konnten inzwischen gut fünfzig Zentimeter über dem Boden sehen. Martin benutzte seinen »Würfelblick«: das Zimmer als Inneres eines Würfels mit sechs Seiten. Der Fußboden bestand aus Laminat, die Decke schien abgehängt, anscheinend aus Holz, stand im Vollbrand. Voraus, die Fensterseite, da gab es wohl Gardinen und Vorhänge, die Reste fielen gerade brennend herunter. Links das Sofa hatten sie gelöscht, die Wand hinter ihnen stand unversehrt.

Vor der rechten Wand stand ein Bücherregal, kein Ikea, Massivholz, wie selbst gefertigt. Das Oberteil verschwand im Rauch. Martin meldete sich beim Gruppenführer.

»Wir sind in einer Art Bibliothek. Große Tür zu einem Balkon, davor ein Stapel Alustühle. Die brennen gerade, das heißt, nur die Bezüge. Hier haben wir die Sache im Griff.«

Was Martin nicht wusste: Auch das Nebenzimmer, das im Vollbrand stand, hatte Balkontüren. Die brannten bereits und hatten auch Möbel und Gerätschaften auf dem Balkon in Brand gesetzt. Eine 3-Kilo-Flasche mit Propangas wurde vom umgebenden Feuer erhitzt.

»Konzentriert euch auf die Decke, der Dachstuhl darüber darf nicht brennen.«

Der Einsatzleiter empfing die Meldung der einzelnen Angriffstrupps. Sie hatten die Drehleiter in Stellung gebracht, die Schlauchtrupps schleppten Steckleitern in den Garten für einen Außenangriff. Es lief alles recht gut, befand der Einsatzleiter. Zu gut. Irgendetwas stimmte nicht. Großer Balkon, fast eine Loggia, Gartenstühle – da bot sich doch an, an einem kühlen Herbstabend einen dieser gasbetriebenen Heizpilze zu nutzen.

»Gasflaschen!«

»BLEVE« war die englische Abkürzung für den Fall, dass ein Behälter mit Flüssiggas explodierte. Nur Kühlen half. 1800 Liter pro Minute. Den Balkon unter Wasser setzen? Könnte zu spät sein.

»Explosionsgefahr! Alle Einheiten sofort zurück!«

Der Gruppenführer gab den Befehl sofort weiter. Martin bestätigte. Aber es war bereits zu spät.

Zuerst gab es einen Knall und eine gewaltige Stichflamme. Der Druck innerhalb der Gasflasche sprengte die Armatur auf der Oberseite ab, sie flog wie ein Geschoss nach oben, durchschlug das Dach, kullerte auf der anderen Seite hinunter. Einige Sekunden später hatte sich der Rest des Gases in der Flasche dampfartig erhitzt. Die Flasche explodierte mit einem weiteren heftigen Knall. Metallteile flogen wie bei einem Schrapnell durch die Gegend, durchschlugen auch die Wand des Zimmers, in dem sich der Angriffstrupp befand.

Martin sah, wie das Bücherregal schwankte, sich dann neigte und brennend in das Zimmer fiel, gerade als Birgit zurückkriechend die Zimmertür erreichte. Etwas Schweres fiel auf ihr Bein, das »Aua!« war nicht zu überhören.

Sie krochen zurück, tasteten sich am Schlauch entlang, erreichten die Wohnungstür. Im Treppenhaus gab es kaum Sicht.

»Nach rechts, sieben Stufen; nach links zwei Stufen –«, da kam ihnen schon der Sicherungstrupp entgegen.

Vor der Haustür konnten sie die Pressluftatmer ablegen. Meldung beim Gruppenführer.

»Alles okay?«, fragte der.

»Alles Roger«, antwortete Birgit.

»Weiß nicht«, widersprach Martin, »irgendwas ist dir doch aufs Bein gefallen.«

»Klärt das. An der Straße stehen die Sanis, da kann ja mal einer ein wohlgeformtes Damenbein betrachten.«

Ausziehen wollte Birgit ihre Hose nicht, sie zog nur ein Hosenbein hoch.

»Saubere Prellung«, befand der Rettungsassistent. »Ich trage mal etwas Schmerzgel auf, das kühlt und es tut nachher nicht so weh.«

Birgit bedankte sich und sah zu Martin auf.

»Siehst du, halb so wild.«

»Wie es in den Büchern steht: Gott zur Ehr –dem Nächsten zur Wehr.«

»Mit Gott habe ich eigentlich nichts im Sinn.«

»Aber er offensichtlich mit dir.«

Bergen und Retten

Das kurze Gewitter hatte wenig Abkühlung gebracht. Dafür brannte die Scheune eines großen Hofes in der Gemeinde Apensen. Das Feuer hatte bereits auf das Wohnhaus übergegriffen, bedrohte auch den Schweinestall. Als Zug II gegen 22:00 Uhr ankam, traf er zunächst auf eine Mauer von Lösch-, Rettungs- und Polizeifahrzeugen. Der Zugführer meldete sich beim Einsatzleiter.

»Ihr übernehmt den Schweinestall. Fahrt außen rum. Wasser gibt es aus dem Löschteich, ein Stück die Straße runter. Vordringlich ist die Bergung des Systemcomputers und der Zuchtunterlagen aus dem Büro am Ende des Ganges. Außerdem steht ein Güllewagen im Gang. Zündschlüssel steckt. Anschließend müssen die Zuchtschweine aus dem Stall – an die dreihundert Stück. Der Besitzer ist an seinem Haus, deswegen keine genaue Zahl.«

Der Zugführer bestätigte:

»Schutz der Scheune, Wasser aus dem Löschteich, Büroeinrichtung und dreihundert Schweine bergen.«

Dann ging er zu seinem ELW. Per Funk befahl er, dass die Einsatzfahrzeuge, nämlich das Hilfeleistungslöschfahrzeug HLF 20, das Tanklöschfahrzeug und der Logistikwagen, eng aufgeschlossen ihm folgen sollten.

Von hinten näherten sie sich dem Stall. Schwarz stand seine Silhouette gegen den Feuerschein der Scheune. Nur gedämpft drang der Lärm von der anderen Seite herüber.

»Ihr baut schon mal die Wasserversorgung auf«, wandte sich der Zugführer an den Führer des Tanklöschfahrzeuges. »B-Schlauch zur Straße, dann ein Stück weiter zum Löschteich. Nehmt gleich die Haspel vom HLF mit, ihr braucht eine Menge Schlauch.

Die Mannschaft vom Möbelwagen räumt das Büro am Ende des Ganges.«

Dann sprach er den Gruppenführer des HLF an.

»Du wirst Schweinepriester. Du sorgst dafür, dass die Schweine aus dem Stall kommen. Da vorne ist ein Zaun, vielleicht gibt es dahinter eine Wiese.«

Der Gruppenführer sammelte seine Gruppe um sich.

»Sorg erst mal für Licht«, wies er den Maschinisten an. Der fuhr den Lichtmast hoch, es wurde hell.

»Unsere Aufgabe ist klar, das heißt, nichts ist klar. Ein Büro ist zu räumen. Auch rund dreihundert Schweine, wahrscheinlich in Boxen. Wenn Schweinezucht, dann auch Ferkel, unter Umständen ein bösartiger – also männlicher –«

»Chef bei den Schweinen ist ein Eber«, half Hans, der Truppführer des Schlauchtrupps, aus.

»Okay, du, Schorsch, mach dich mal auf die Socken und erkunde, was hinter dem Gatter da vorn los ist.«

Melder Schorsch machte sich auf den Weg.

»Alle anderen bewaffnen sich mit Triebmitteln. Halligan-Tool ist in Ordnung, der Zaun beim Gerätewagen besteht aus Holzstangen. Da bedienen sich der Schlauch- und der Wassertrupp. Angriffstrupp mit mir zur Stalltür.«

Die »Stalltür« erwies sich als stabiles Tor mit einem schwachen Schloss. An einem breiten Gang gab es Schweinekoben. Dämmriges Licht herrschte. Gewaltiger Lärm empfing sie.

»Es stinkt ja fürchterlich«, äußerte sich der Gruppenführer.
»Wie dein Rasierwasser«, konnte sich Truppfrau Gerda nicht verkneifen.
Der Gruppenführer verzichtete auf eine Antwort, leuchtete in einen Koben.
»Acht bis zehn Schweine.«
Melder Schorsch erschien.
»Das Gatter gehört zu einer Weide mit einem Gattertor und Holzzaun. Drinnen gibt es einen leeren Wassertrog.«
»Das genügt«, entschied der Gruppenführer. »Der Angriffstrupp öffnet die Boxen, die anderen treiben paarweise die Schweine auf die Weide.«

Das war leichter gesagt als getan. Die Schweine verließen zwar die Koben, ließen sich auch aus dem Stall treiben, zum Teil bis zur Weide, aber dann liefen sie wieder zum Stall zurück. Sie störten auch die Männer um Logistikfahrzeug, die dabei waren, die Unterlagen aus dem Büro zu bergen.
»So wird das nichts«, befand der Gruppenführer.
»Methode Demo/Wasserwerfer. Angriffstrupp mit Verteiler auf halbem Weg zum Gatter, Vollstrahl auf die Schweine Richtung Weide.«
Nach kurzer Zeit kam die Meldung »Wasser bereit«, dann »Wasser marsch!«.
Die Truppfrau stellte ihr C-Rohr auf »Vollstrahl«, zog den Hebel zurück und richtete den Strahl auf das erste Schwein. Das fiel um und quiekte fürchterlich. Truppfrau Gerda zielte auf den Hintern einer zweiten Sau. Das Wasser spritzte, die Sau setzte sich langsam in Bewegung. Andere Schweine kamen heran, fanden offensichtlich die Abkühlung sehr

erfreulich, versuchten auch zu trinken, grunzten. Weitere Schweine sammelten sich, keilten die einzelnen Feuerwehrleute ein, die aber offensichtlich auch nichts gegen die Abkühlung einzuwenden hatten.

»Das nimmt hier langsam volksfestartigen Charakter an«, befand der Gruppenführer. Er gab Anweisung, dass Nässen der Schweine einzustellen. Dann sprach er den Truppführer des Schlauchtrupps an.

»Hans, du wusstest, dass eine männliche Sau ein Eber ist – hast du einen Tipp für das hier?«

Er wies auf das Getümmel hin.

»Futterkammer. Futter in den Trog auf der Weide.«

Schorsch, der Melder, wurde zur Erkundung ausgeschickt. Er kehrte nach kurzer Zeit zurück.

»Kraftfutter in Säcken in einer Kammer am Ende des Ganges. Daneben haben die Schweine einen Puff, jedenfalls ist da ein Raum mit Rotlicht.«

»Da liegen die Sauen, die gerade geferkelt haben«, erklärte Hans.

Es wurde Futter aus der Futterkammer geholt und in den Trog hinter dem Gatter gebracht. Während ein Teil der Schweine zurück in den Stall lief, andere die Fahrzeuge erkundeten und zwei den Maschinisten bedrängten, trieben sie zu viert zwei Säue zu dem mit Futter gefüllten Trog auf der Weide. Die Schweine begannen sofort zu fressen, grunzten.

»Die haben's gut, kriegen was zu fressen«, meinte Schorsch, als er einen weiteren Sack Kraftfutter in den Trog schüttete. Mehr Schweine erschienen, drängelten sich, erhielten ebenfalls Futter, das auch auf dem Boden ausgestreut wurde.

»Schmalz von freilaufenden Schweinen«, murmelte Schorsch, als er einen weiteren Sack leerte.

In kurzer Zeit gelang es, fast alle Schweine auf die Weide zu treiben, nur zwei oder drei folgten ihrem Drang in die Freiheit.

Ein Mann erschien, stellte sich als »der Schweinezüchter« vor.

»Im Rotlichtmilieu sind noch Schweine, kleine Ferkel – Spanferkel sagt man wohl«, erklärte der Gruppenführer.

»Das ist ein Wurf von zwei Sauen, zwanzig frisch geborene Ferkel. Die dürfen nicht verkühlen.«

»Rettungsfolien«, fiel dem Gruppenführer ein. Auch, dass sie praktischerweise einen Fünferpack bei den Freunden des Rettungsdienstes holen könnten. Schorsch wurde losgeschickt, kehrte nach kurzer Zeit mit einem Packen wärmeisolierender Rettungsdecken und einem Sanitäter zurück.

»Habe ich das richtig begriffen? Ihr wollt Ferkel in Rettungsdecken wickeln? Die scheißen doch alles voll.«

»Wir bergen wertvolle Tiere. Fein, dass ihr vom Roten Kreuz da keine Vorbehalte habt – du kannst gleich mit anfassen.«

Die Ferkel wurden in Decken gehüllt, der Schweinezüchter kam mit seinem Pick-up.

»Ich bringe sie zu einem Nachbarn – der hilft aus, wenn ich langsam fahre, folgen mir auch die Muttersäue. Herzlichen Dank für eure Hilfe!«

Der Gruppenführer meldete dem Zugführer die erfolgreiche Bergung von gut zweihundert Schweinen.«

»Bereitmachen zum Löschangriff!«, erhielt er als Antwort. Der Gruppenführer gab den Befehl weiter.

»Löschangriff. Bereitschaft. Schlauchtrupp wird Sicherungs-trupp.«

Er ging zum Truppführer des Schlauchtrupps.

»Danke auch für deinen Tipp mit dem Futter.«

Hans lachte.

»Das ist wie mit den Politikern, wenn sie aus der Politik in die gut zahlende Wirtschaft gehen. Ein neuer voller Trog, aber die Schweine sind dieselben.«

Schützen

Es herrschte norddeutsches Schmuddelwetter – Nieselregen und ein kalter Wind aus Nordwest.

Der Einsatzbefehl kam am Freitagnachmittag gegen 16:30 Uhr, als die Dämmerung gerade einsetzte.

»VU. Kleintransporter fährt auf Pkw. Fahrer Kleintransporter verletzt.« Dann folgte die Adresse, eine lang gezogene Kurve auf einer der Ausfallstraßen.

Als der Zug eintraf, waren die Rettungskräfte schon vor Ort. Der Fahrer des Pkw befand sich auf dem Wege ins Krankenhaus, »zur Beobachtung«, wie ein Rettungssanitäter erläuterte. Der Fahrer des Transporters saß noch in seinem Fahrzeug.

»Fahrer ist eingeklemmt, er hat Schmerzen.«

Es dauerte keine drei Minuten, da war der Verletzte geborgen und dem Rettungsdienst übergeben. Gleichzeitig waren die beiden Kameraden des Schlauchtrupps in beiden Richtungen die Straße entlang gegangen, um den Verkehr zu stoppen, Warnlampen und Schilder aufzustellen, den Einsatzort zu schützen. Eine lange Kolonne aus Richtung Stadt hatte sich gebildet, zwei Autos versuchten, sich an der Unfallstelle vorbeizumogeln.

Die nächsten Schritte hatte der Zug hundertfach geübt. Feststellung, ob es weitere Unfallbeteiligte gab, Sicherung, Brandgefahr berücksichtigen, Prüfung, ob Betriebsstoffe auf die Straße liefen. Der »Gerätewagen Logistik 1 «, beladen mit Rollcontainern, erschien. Zügig wurden Absperrkegel,

Warnlampen, Blitzlichter, Warndreiecke und Behälter mit Ölbindemittel abgeladen. Die Mannschaft wurde unterstützt
von Kameraden des HLF. Eine professionelle Absperrung
der Straße entstand.

Inzwischen war auch die Polizei eingetroffen.

»Ihr könntet die Schimpfenden, die aus der Stadt kommen,
mit beruhigen.«

»Ihr habt doch Amtsgewalt. Wir müssen den Unfall aufneh-
men.«

»Denn mal gute Aufnahme.«

Die Leitstelle bestätigte, dass die Abschleppwagen von
zwei Unternehmen auf dem Weg zur Unfallstelle wären. Das
erste Fahrzeug erschien nach kurzer Zeit, zog den Pkw auf
die Ladefläche, wendete und verschwand Richtung Stadt.
Zwanzig Minuten später erschien ein weiterer Abschleppwagen. Der Fahrer sah sich den Transporter an.

»Nee, das wird nix. Die vordere Achse ist hinüber, außerdem
tropft da Flüssigkeit aus. Den krieg ich nicht vom Acker. Da
muss ein größerer Wagen her – einer mit 'nem Kran. Ich
sprech mal mit dem Chef.«

Es dauerte eine Weile, ehe das Gespräch zustande kam.
Dann erfuhr der Zugführer das Ergebnis.

»Im Augenblick nichts zu machen. Kranwagen im Einsatz.
Ein Traktor im Graben. Ich muss weiter.«

Den vereinten Bemühungen von Leitstelle, Zugführer und
der Ehefrau des Unfallfahrers gelang es schließlich, ein Ab-
schleppfahrzeug mit Kran auf den Weg zu bringen.

»Manchmal sind sie doch richtige Aasgeier, diese Abschlep-
per. Der kam erst richtig in die Gänge, als er den Auftrag

richtig im Sack hatte«, erläuterte der Zugführer. Dann ord-
nete er das Einrücken der Löschfahrzeuge an.
Er sprach mit dem Führer des Logistikfahrzeugs.
»Tut mir leid, Willi. Ihr müsst wohl noch eine gute Stunde
warten – aber ein Abschleppwagen ist bald unterwegs.
Sagt jedenfalls der Abschleppboss. Ihr wisst ja, was zu tun
ist. Ich denke, wir könnten eine Hälfte der Straße freigeben.
Blockverkehr über Funk. Aber ihr wisst ja, Verkehrsregelung
nur durch die Polizei. Und die hat gerade keine Zeit. Beim
Abstreuen denkt daran, dass die Fahrbahn noch nass ist.«
Es war ein mühsamer Job für die Mannschaft. Der Regen
durchnässte sie, die Fahrzeugschlange wurde kaum kleiner,
es gab Pöbeleien der Wartenden.

»Ihr steht hier schon seit zwei Stunden rum – könnt ihr das Blechteil nicht von der Straße ziehen?«

Das hatten sie längst überlegt und abgehakt – es hätte unter anderem die Gefahr bestanden, dass Öl und Treibstoffe aus dem schwer beschädigten Transportfahrzeug ausgetreten wären. Grundwasserschutz gehörte ebenfalls zu den Aufgaben der Freiwilligen Feuerwehr.

Sie froren.

Brandmeister Willi rief Truppfrau Tina zu sich.

»Sieh mal zu, dass du uns zu einem heißen Kaffee verhilfst. Ein Stück weiter ist doch eine Tankstelle. Ein Auto nimmt dich sicher mit.«

Tina grinste und wiederholte die Anweisung, wie sie es auf dem Lehrgang gelernt hatte.

»Vier Becher Kaffee. Tankstelle. Mitfahrt Fremdfahrzeug.«

Nach einer Viertelstunde kam Tina zurück.

»Sorry, aber das mit dem Rücktransport klappte nicht richtig, der Kerl bog rechts ab, ich musste den Rest laufen.«

Gefühlt nach einer Ewigkeit erschien auch der Abschleppwagen mit Kran. Nahm den Transporter auf den Haken und verschwand grußlos.

Sie streuten die Unfallstelle ab, nahmen das Streugut auf, sammelten die Absperrkegel, die Lampen und das übrige Material ein, verstauten es in den Containern.

Abmeldung bei der Leitstelle.

Auf der Rückfahrt beugte sich Brandmeister Willi zu Tina.

»Das mit dem Kaffee war super. Und mein Becher war voll. Wie hast du das bloß gemacht?«

Tina lächelte.

»Das willst du nicht wirklich wissen.«

»Doch.«

»Ich bin mal eine Zeit zur See gefahren. Hab auf einem Kümo gejobbt. Der Alte wollte immer frischen Kaffee. Direkt aus der Kombüse, in seinem Becher – auf die Brücke. Auch bei schlechtem Wetter, wenn das Schiff schlingerte. Der Becher musste voll sein.«

»Und?«

»Naja. Unten nahm ich einen großen Schluck, hielt ihn im Mund, und oben, kurz vor der Tür, habe ich den Becher wieder gefüllt.«

Technik

Fahrzeuge

Unbeschreiblich! Was da hochglanzpoliert in der Herbst-sonne vor dem Gerätehaus steht, ist eine große Werkstatt. Sie ist mit allem ausgerüstet, was zum Retten, Löschen, Bergen und Schützen benötigt wird.

Hinter dem nüchternen Funkruf-Namen »Florian Stade 10/48/2« verbirgt sich das moderne HLF 20, ein »Hilfeleis-tungslöschfahrzeug«.

Klar, eine Kabine. Oft wird unterschätzt, wie schlank sich gut beleibte Feuerwehrleute machen können, wenn sie zum Einsatz ausrücken möchten. Eine ganze Gruppe findet in der Kabine Platz. Vorne sitzen der Gruppenführer und der

»Maschinist«, der das Fahrzeug fährt und für die Technik verantwortlich ist. Daneben der Gruppenführer. Er bedient während der Anfahrt vor allem den Funk und sucht den Kontakt zum Zugführer am Einsatzort. Im hinteren Teil der Kabine sitzen der Angriffstrupp (zwei Personen) und der Melder mit dem Rücken zur Fahrtrichtung. Während der Fahrt können die Pressluftatmer (PA) angelegt werden. Der Angriffstrupp ist somit bei Löscheinsätzen voll ausgerüstet bereit, da auch die übrige Ausrüstung (Sprechfunkgerät für den Truppführer, Lampen, Sicherungsleine, Wärmebildkamera) schon am Körper befestigt werden kann. Ganz nebenbei, die Ausrüstung für eine Person wiegt mehr als 30 Kilo!

Dem Angriffstrupp gegenüber sitzen der Wassertrupp und der Schlauchtrupp – immer auf der Beifahrerseite der Truppmann und auf der Fahrerseite der jeweilige Truppführer. Der Wassertrupp ist gleichzeitig der zweite Angriffstrupp, dann ebenfalls mit Pressluftatmern ausgestattet, nachdem er die Wasserversorgung vom Fahrzeug zur Wasserentnahme abgeschlossen hat.

Der Schlauchtrupp sorgt dafür, dass die Angreifer schnellstmöglich vom Fahrzeug bis zum Verteiler mit Wasser versorgt werden. Wenn die Versorgung steht, kann er als dritter Angriffstrupp vorgehen.

Hinter der Kabine der Aufbau (»Koffer«) mit seitlichen »Rollläden«, hinten ein Gestell, auf das Schläuche gewickelt sind: die Schlauchhaspel. Sie kann mit einem Handgriff gelöst werden. Mit acht »dicken« B-Schläuchen bestückt (entspricht einer Strecke von 160 m) kann die Wasserversorgung des Löschfahrzeuges gesichert werden.

Am Einsatzort werden rings um das Fahrzeug breite Stufen heruntergeklappt. Sie ermöglichen den Zugang zu den hinter den Rollläden gestauten Ausrüstungsgegenständen. Die sind nach Einsatzzwecken geordnet.

Wenn die Schlauchhaspel »abgeprotzt« worden ist, kann die Heckklappe des Fahrzeugs geöffnet werden. Dahinter verbirgt sich die Kreiselpumpe, das Herzstück eines Löschangriffs. Die Pumpe kann Wasser ansaugen und mit hohem

Druck abgeben. Über einen »Verteiler« wird dann das Wasser an die angeschlossenen C-Rohre weitergeleitet.

Viele Einsätze finden nachts statt. Entsprechend ist ein Beleuchtungsmast vorhanden, der bei Bedarf ausgefahren werden kann. Er ist nach allen Seiten drehbar. Die LED-Strahler werden vom Maschinisten über eine Fernbedienung gesteuert, je nach Bedarf ausgerichtet auf Nah- und Fernbeleuchtung. Auf dem Dach befinden sich zwei Leitern, mit denen der zweite oder dritte Stock eines Hauses erreicht werden kann.

Fazit: Alle für Löscharbeiten und weitere Einsätze notwendigen Geräte und Hilfsmittel sind vorhanden!

Fahrzeugdaten

Abkürzung:	HLF 20
Bezeichnung:	Hilfeleistungslöschfahrzeug
Funkrufname:	Florian Stade 10/48/2
Baujahr:	2017

»Das HLF 20 ist ein Hilfeleistungslöschfahrzeug mit einer Pumpleistung von 3000 Litern in der Minute und einem Tank von 2000 Litern.

Auf Grund unseres Einsatzspektrums, das nicht nur Brandbekämpfung, sondern auch technische Hilfeleistung in vielen möglichen Arten wie Verkehrsunfall, Türöffnung, Tragehilfe und vieles mehr beinhaltet, gibt es noch einige Besonderheiten zur Beladung wie zum Beispiel:

  – Schere und Spreizer (um z. B. Kfz zu zerschneiden oder auseinanderzubiegen)

- *Ziehfix (um Schließzylinder von Türschlössern zu ziehen)*
- *Rollgliss (zur Rettung aus Höhen oder Tiefen und zum Abseilen)«*

Speziell für die Brandbekämpfung wird ein Tanklöschfahrzeug eingesetzt. Der Website des Zuges II sind folgende Daten zu entnehmen:

Tanklöschfahrzeug 16/25

TLF 16/25

Fahrzeugdaten

Abkürzung: TLF 16/25
Bezeichnung: Tanklöschfahrzeug 16/25
Funkrufname: Florian Stade 10/23/2
Baujahr: 2004

»Das TLF ist ein Tanklöschfahrzeug mit einer Pumpenleistung von 1600 Litern die Minute und einem Tank von 2500 Litern. Dieses Fahrzeug hat auch noch ein paar Besonderheiten bei der Beladung, wie zum Beispiel:
- Fognail (wird durch z. B. Türen geschlagen, um dahinter für feinen Wassernebel zu sorgen)
- Wärmebildkamera (zum Aufspüren von Glutnestern oder sogar auch zur Personensuche)«

Ein besonderes Fahrzeug, liebevoll »Der Möbelwagen« genannt. Die offizielle Bezeichnung lautet GW-L1, Gerätewagen Logistik 1.
Dieses Fahrzeug kann mit allen notwendigen Geräten und Hilfsmitteln »verlastet« werden, um spezielle Anforderungen erfüllen zu können. Vorwiegend werden Container geladen, die alle bei Verkehrsunfällen notwendigen Hilfsmittel

enthalten. Dazu gehören verschiedene Ölbindemittel, aber auch vier Pressluftatmer.

Der Gerätewagen ist, wie die Löschfahrzeuge auch, mit einer eigenen Stromversorgung ausgerüstet.

Auf der Website des Zuges II finden sich folgende Angaben:

Gerätewagen Logistik 1

GW-L1

Fahrzeugdaten

Abkürzung:	GW-L1
Bezeichnung:	Gerätewagen Logistik 1
Funkrufname:	Florian Stade 10/64/2
Baujahr:	2009

»Der Gerätewagen Logistik dient hauptsächlich dazu, Einsatzmittel zur Einsatzstelle zu bringen. Für den Gerätewagen haben wir vorgefertigte Rollcontainer mit spezieller Beladung wie z. B.:
- *B-Schläuche (da geht schon ziemlich viel Wasser durch)*
- *Schaummittel (zur Beimischung, um einen Schaumteppich zu erzeugen)*
- *Ölbindemittel (hiermit wird ausgelaufenes Öl gebunden, um Verschmutzungen von Wasserstellen oder Trinkwasser zu vermeiden)*
- *TH (technische Hilfeleistung)«*

Bei größeren Schadensfällen ist die Führung und Koordination aller beteiligten Einheiten für einen erfolgreichen Einsatz unabdingbar. Es gilt etwa, die Arbeit von Feuerwehr, Polizei,

Rettungsdiensten und Technischem Hilfswerk aufeinander abzustimmen. Darüber hinaus sind oft Mitarbeiter vom Ordnungsdienst, Psychologen und Medienvertreter zu betreuen bzw. zu führen. Schließlich ist mit der zentralen Einsatzleitstelle zu kommunizieren. Für diese Aufgabe steht ein Fahrzeug zur Verfügung, das als Einsatzleitwagen, ELW 1, bezeichnet wird.

<u>ELW 1</u>   Einsatzleitwagen 1   Florian Stade 10/11/2

»Der ELW ist ein Einsatzleitwagen zur Koordinierung von Einsätzen und dient als Kommunikationsschnittstelle zur Leitstelle. Der ELW verfügt über zwei Arbeitsplätze, die mit Funk und PC ausgestattet sind. Es ist auch ein Stromerzeuger verlastet, der es ermöglicht, unabhängig von anderen Stromquellen zu arbeiten. Es können mit Magnettafeln übersicht-

liche Lagekarten erstellt werden, die bei der Abarbeitung der Einsätze helfen. «

Der Personenwagen. Im »normalen« Leben würde man von einem Kleinbus sprechen. Bei der Feuerwehr heißt das Ding, zumindest auf der Website,

Mannschaftstransportfahrzeug (MTF).

Fahrzeugdaten

Abkürzung: MTF
Bezeichnung: Mannschaftstransportfahrzeug
Funkrufname: Florian Stade 10/17/2
Baujahr: 2009

»Das Mannschafttransportfahrzeug wird, wie der Name schon sagt, zum Transport von Personal benutzt. Bei uns wird er hauptsächlich durch die Jugendfeuerwehr benutzt, um auf Wettkämpfe oder auf Zeltlager zu fahren.«
Darüber hinaus kann es vielfältig eingesetzt werden – zum Beispiel als Begleitfahrzeug bei Laternenumzügen.

Da Buxtehude an einem Fluss liegt, gehört nach Meinung des Zuges II auch ein Wasserfahrzeug zur Ausrüstung. Es ist ein aus glasfaserverstärktem Kunststoff gebautes Boot. Es ist mit einem 30-PS-Außenbordmotor versehen und hat auch einen kleinen Mast, der die vorschriftsmäßigen Positions- und Warmlampen trägt. Wie es sich für ein beinahe hochseefähiges Wasserfahrzeug gehört, gibt es auch ein Schlauchboot als Tender. Die Daten aus der Website:

Fahrzeugdaten

Abkürzung:	MZB
Bezeichnung:	Mehrzweckboot
Funkrufname:	Florian Stade 10/78/2
Baujahr:	1977

»Das Mehrzweckboot dient hauptsächlich zur Menschen-rettung und Tierrettung auf Gewässern, wie z. B. der Este. Auf unserem Boot kann auch mit einem speziellen Schlitten eine Pumpe verlastet werden.«

In der Verwaltung der Stadt Buxtehude gibt es Stimmen, die finden, der Zug II benötige eigentlich kein Schiff. Für die Wasserrettung gäbe es doch die DLRG, die hervorragend ausgerüstet sei. Aber zum Zug II gehört das Boot.

»Denk mal daran, als wir bei der großen Oderflut geholfen haben. Da waren wir doch heilfroh, das Boot zu haben. Dass der Aal, den wir eines Morgens im Boot fanden, eine Schlange war, ist eine ganz andere Geschichte.«

Ausrüstung

Der Pressluftatmer

Wer schon mal einen Taucher oder Astronauten gehen gesehen hat, erinnert sich. Eingepackt in einen unförmigen Anzug stapft er dahin, geschützt gegen eine feindliche Umgebung. Für den Feuerwehrmann sind das brennende Räume. Sie sind bis zu 1000° heiß, voller Ruß, und es gibt keine Atemluft.

Vorbei ist die schöne Zeit, da bei »Schadensfeuern« nur Holz oder andere organische Materialien brannten. Heutzutage verpestet zwar manchmal Holzrauch die Luft (nachhaltiges Heizen!), aber bei Bränden führt die zunehmende Verwendung von Kunststoffen in der Industrie, im Bau und bei Möbeln dazu, dass bei Erhitzung gefährliche Giftgase entstehen. Daher sind Rauchgase die größte Gefahr für Menschen bei einem Brand – umso mehr, als sie häufig nicht durch Geruch auffallen.

Eine Aufzählung der Gegenstände, von denen Gefahren ausgehen (Salzsäure (HCl), Bromwasserstoff), sieht etwa so aus:

»Polyvinylchlorid (PVC), Kunststoffe mit halogenhaltigen Flammschutzmitteln, Halogenkohlenwasserstoffe, Kabelisolierungen, Kunstleder, Fußbodenbeläge, Fensterrahmen, polychlorierte Dibenzodioxine und –furane (PCDD/F), PVC, chlorierte Paraffine und andere organochlorhaltige Materialien, Kabelisolierungen, Kunstleder, Fußbodenbeläge, Fensterrahmen, Flammschutzmittel, Weichmacher für PVC, Imprägnierungsmittel, Holzschutzmittel mit Pentachlorphenol (PCP), polychlorierte Biphenyle (PC).«

Für die Feuerwehr bedeutet das, die Einsatzkräfte durch geeignetes Gerät zu schützen. Daher werden bei Löscharbeiten besondere Schutzanzüge und »Umgebungsluftunabhängige Atemschutzgeräte« eingesetzt – die sogenannten Pressluftatmer (PA). Genauer gesagt handelt es sich um frei tragbare Behältergeräte. Bei dieser Art von Geräten führt der Atemschutzgeräteträger die notwendige Atemluft in Druckluftflaschen mit sich. Hierbei ist zu beachten, dass es sich bei der komprimierten Luft um besonders gereinigte und entölte Atemluft handelt. Man spricht von Atemluftflaschen, in denen die Luft bei 300 bar gespeichert ist. Die Flaschen bestehen aus Stahl. Wer jetzt an die Ausrüstung von Tauchern denkt, ist auf dem richtigen Wege. Auch Feuerwehrleute haben eine Atemschutzmaske. Da ihr Leben und das von zu rettenden Menschen von der einwandfreien Funktion der Geräte abhängt, gibt es eine Reihe von Vorschriften, die der Sicherheit der Geräteträger dienen. In der Dienstvorschrift der Feuerwehr (FwDV7) steht:

»Es dürfen nur Atemschutzgeräte verwendet werden, die für die jeweiligen Einsatzaufgaben der Feuerwehr geeignet sind. Teil eines jeden Atemschutzgerätes ist der Atemanschluss, der das Gerät mit den Atemwegen des Benutzers verbindet. Als Atemanschluss wird bei der Feuerwehr eine Vollmaske oder eine Maske/Helm-Kombination verwendet.«

Die Atemschutzmaske muss absolut dicht sein. Für modebewusste junge Damen und Herren kann das ein Problem werden. In der Dienstvorschrift steht ganz eindeutig:

»Einsatzkräfte mit Bart oder Koteletten im Bereich der Dichtlinie von Atemanschlüssen sind für das Tragen von Atemschutzgeräten ungeeignet. Ebenso sind Einsatzkräfte für das Tragen von Atemschutzgeräten ungeeignet, bei denen aufgrund von Kopfform, tiefen Narben oder dergleichen kein ausreichender Maskendichtsitz erreicht werden kann oder wenn Körperschmuck den Dichtsitz, die sichere Funktion des Atemanschlusses gefährdet oder beim An- bzw. Ablegen des Atemanschlusses zu Verletzungen führen kann (zum Beispiel Ohrschmuck).«

Besonders wichtig ist auch, dass der Feuerwehrmann un-
eingeschränkt sehen kann. Entsprechend besitzt die Atemschutzmaske eine Sichtscheibe

Sie soll dem Atemschutzgeräteträger nahezu das gesamte
natürliche Gesichtsfeld zur Verfügung stellen. Die Vollmaske
der Feuerwehr besitzt eine stichflammenfeste Sichtscheibe
aus speziellem Kunststoff, die bei modernen Masken zum
Verbessern der Kratzfestigkeit oberflächenvergütet wurde.
Obwohl das Prinzip des Pressluftatmers einfach erscheint,
muss ein PA-Träger eine besondere Ausbildung (wie Taucher und Astronauten) absolvieren, bevor dieser eingesetzt
werden kann. Absolute Sicherheit gibt es wahrscheinlich
nicht, aber sie ist das Ziel. Zug II ist stolz darauf, dass ihre Einsätze »unter schwerem Atemschutz« mit höchster Sicherheit
verlaufen.

Fognail

Es gab eine Zeit, da wurde ein Brand mit einem Strahlrohr unter »Vollstrahl« bekämpft. Bei Wohnungsbränden waren die Wasserschäden häufig größer als die Brandschäden. Diese Zeiten sind vorbei, nachdem man gelernt hat, Feuer mit Sprühnebeln zu bekämpfen. Moderne Hohlstrahlrohre können auf »Sprühen« eingestellt werden. Es wird weniger Wasser verbraucht und die größere Oberfläche erhöht den Kühleffekt. Der konsequente nächste Schritt sind Sprühlanzen. Diese »Fognail« genannten Geräte versprühen durch viele spezielle Düsen einen ganz feinen Nebel. Die Wassertropfen, die sehr viel feiner sind als die des Sprühstrahls der

C-Rohre, wirken durch ihre große Oberfläche mit besonderen Löscheffekten. Sie kühlen und verdrängen den am Brandherd vorhandenen Sauerstoff. Das Besondere besteht darin, dass diese sehr robusten Metallrohre an einem Ende eine Spitze besitzen, während die Metallplatte am anderen Ende die Möglichkeit bietet, diesen Nebel versprühenden Nagel durch Türen oder Dächer zu treiben. Die Empfehlung geht dahin, dass in Impulsen von 10 bis 15 Sekunden gelöscht wird. Immer wenn der aus Öffnungen hervortretende Qualm sich weiß verfärbt, kann die Wasserzufuhr unterbrochen werden – es wird also sehr wenig Wasser verbraucht. Das bedeutet einen Vorteil, wenn beim Schnellangriff auf das Wasser aus dem mitgeführten Löschfahrzeug zurückgegriffen wird.

Für die Angriffstrupps der Feuerwehr ist der Fognail eine Art Lebensversicherung, die sie nicht missen möchten.

Halligan-Tool

Einbrechen wie ein Profi! Dafür gibt es bei der Feuerwehr eine Reihe von Werkzeugen – Äxte etwa, aber auch Brecheisen. Ein besonders wirksames ist das Halligan-Tool. Dieses Hebel- und Brechwerkzeug, benannt nach seinem New Yorker Erfinder, ist eine Stahlstange, die an einem Ende eine Klinge und einen Dorn, am anderen Ende einen »Kuhfuß«

in Form eines Nageleisens aufweist. Die keilförmige Klinge steht rechtwinklig an der Stange ab und ist oben abgeplattet. Dort kann mit einer Axt oder einem Beil draufgeschlagen werden.

Soll eine Tür geöffnet werden, prüft der Angriffstruppführer zunächst, ob sie verschlossen ist. Es soll Kameraden gegeben haben, die erst nach gewaltsamer Öffnung einer Tür feststellten, dass die Tür offen war.
Ist die Tür verschlossen, geht man nach dem »OPA«-Prinzip vor. Es bedeutet **O**effnen eines Loches für das Halligan-Tool, **P**ositionieren des Brecheisens und **A**ufbrechen der Tür.
Zunächst wird die Tür abgetastet. Ist sie warm oder heiß, darf man sie nicht ohne Weiteres öffnen – es könnten heiße Gase in dem Raum dahinter sein. Die würden bei Sauerstoffzufuhr unter Umständen explosionsartig verpuffen, die gefürchtete »Durchzündung«. Da wäre der Einsatz des Fognail angebracht. Ist die Tür kühl, wird sie oberhalb und unterhalb der Klinke angedrückt, um festzustellen, ob sie irgendwo nachgibt. An einer geeigneten Stelle wird die Klinge des Halligan-Tools zwischen Tür und Rahmen eingedrückt bzw. eingeschlagen. Das Halligan-Tool wird umgedreht. Es wird mit dem Kuhfuß in der entstandenen Öffnung so positioniert (wenn nötig mit Axthieben eingeschlagen), dass es mit größtmöglicher Hebelwirkung bewegt werden kann. Das Aufbrechen der Tür gelingt dann in kürzester Zeit.

Wärmebildkamera

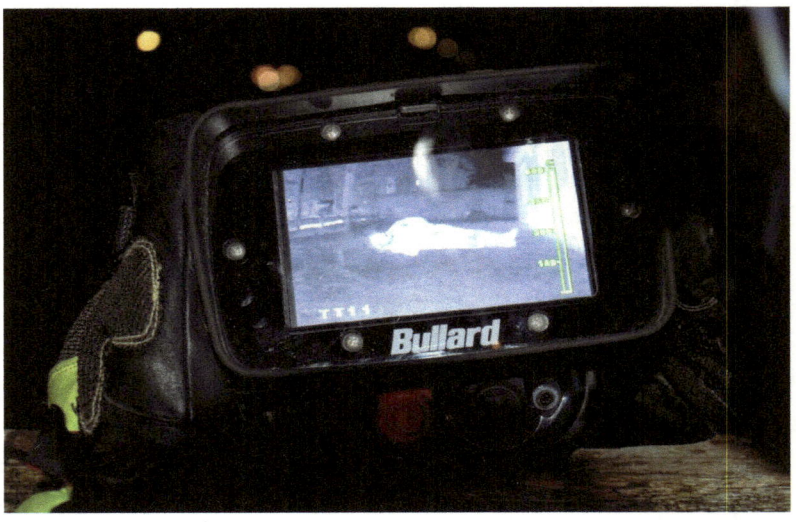

Bei der Brandbekämpfung gibt es ein großes Problem. Meist sind alle Räume voller Rauch, der oft so dicht ist, dass auch mit einer starken Lampe keine Sicht besteht. Jedoch:
Jedes Objekt, das wärmer ist als der absolute Nullpunkt, strahlt langwellige Strahlen ab (Infrarotstrahlung). Eine Infrarotkamera (Wärmebildkamera – WBK) erlaubt es, diese nicht sichtbare Strahlung darzustellen. Das ist möglich, weil langwellige Strahlen Rauch durchdringen können.
Eine WBK besteht aus fünf wesentlichen Teilen: eine Linse, durch die die Strahlung auf einen Detektor geleitet wird, und die Elektronik, die das Signal des Detektors umwandelt und auf einem Display ein Bild erzeugt. Das Ganze in einem Gehäuse, das für die Feuerwehr möglichst wasserfest (IP 67) und hitzeresistent sein muss. Außerdem soll die Kamera

unempfindlich gegen Stöße, leicht und möglichst intuitiv bedienbar sein.

In der buchstäblichen Hitze des Gefechts erweist sich daher eine Wärmebildkamera (WBK) als unentbehrliches Hilfsmittel, um durch den Rauch hindurchzusehen und die Ausbreitung eines Brandes zu überwachen. Dadurch kann der Truppführer schnell die optimale Brandbekämpfungsstrategie bestimmen, Hot-Spots aufspüren und Leben retten.

Dem »Spendenwart« Oliver Rosenau gelang das schier Unglaubliche.

Seine Firma Archer Daniels Midland (ADM) spendete kürzlich 8.000 US-Dollar an den Zug II. Die Spende wurde durch ADM Cares ermöglicht. ADM Cares ist ein soziales Investitionsprogramm, das weltweit Gelder an Initiativen und Organisationen spendet, die bedeutungsvolle soziale, ökonomische und ökologische Entwicklungen ansteuern. Eine willkommene Anerkennung der Arbeit der Freiwilligen Feuerwehr.

Der Zug II besitzt nun eine der modernsten für den Feuerwehreinsatz entwickelten Wärmebildkameras:

Die »Eclipse LDX« der Firma Bullard. Dank einer neuen Sensortechnologie bietet sie auf dem Display eine mehrstufige Einfärbung des Wärmebildes. Darüber hinaus arbeitet die Kamera bei Bedarf mit Bildern unterschiedlicher Graustufen, die im Display die heißeste Stelle ab einer bestimmten Temperatur rot einfärben. Der Bildschirm bietet eine hohe Leuchtkraft und eine kontrastreiche Darstellung, sodass in dichtem Rauch, aber auch unter starker Sonneneinstrahlung einwandfrei gesehen werden kann. Gute Aussichten für die Brandbekämpfung!

Organisation

Die Organisation der Freiwilligen Feuerwehr zu beschreiben, entspricht der Aufgabe, einen Haufen Wollknäuel zu entwirren.

Einerseits: Eine Fülle gesetzlicher Vorgaben und Verordnungen versuchen, das komplexe Geschehen zu strukturieren und zu regeln.

Zum anderen: Es herrscht eine klare, militärische Hierarchie – zumindest während der Einsätze. Mit Befehl und Gehorsam.

Schließlich: Zug II hat eigene Regeln. Die sind nirgends festgehalten, aber haben sich aus jahrelanger praktischer Erfahrung entwickeln können. Da kann schon mal ein Nicken einen Befehl unnötig machen, es gibt auch spezielle Auslegungen von »Kann«-Vorschriften.

Das Grundgesetz der Bundesrepublik Deutschland garantiert jedem Bürger weitgehenden persönlichen Schutz. Im Falle der Brandbekämpfung und Technischer Hilfeleistungen liegt die Kompetenz bei den Ländern. Entsprechend gibt es ein

Niedersächsisches Gesetz über den Brandschutz

und die Hilfeleistung der Feuerwehr

(Niedersächsisches Brandschutzgesetz – NBrandSchG)

vom 18. Juli 2012.

Das sieht vor, dass der zuständige Fachminister (der Minister für Inneres und Sport) Durchführungsverordnungen erlassen kann, was auch reichlich geschehen ist.

Es gilt unter anderem die

Verordnung über die kommunalen Feuerwehren
(Feuerwehrverordnung — FwVO —)
v. 30. April 2010 (Nds. GVBl. 06. Mai 2010, S. 185)
einschließlich der Berichtigung v. 02. Juli 2010 (Nds. GVBl. S. 284)
und
der Änderung der §§ 4, 6 und 13, Anlagen 4, 5, 7 und 8 durch
Verordnung
vom 17.05.2011 (Nds. GVBl. S. 125).

Sie gibt klare Weisungen zu den Themen Mindeststärke, Gliederung und Mindestausrüstung der Freiwilligen Feuerwehren, Eintritt in den Dienst, Verleihung von Dienstgraden und Übertragung bestimmter Funktionen bei den Freiwilligen Feuerwehren. In einer Reihe von Anlagen wird zum Beispiel akribisch beschrieben, wer welche Abzeichen und Dienstgradhinweise wo tragen darf.

Darüber hinaus wird die Gliederung der Freiwilligen Feuerwehr festgelegt.

(1) Die Ortsfeuerwehren (§ 10 Abs. 2 NBrandSchG) gliedern sich in
1. Grundausstattungsfeuerwehren,
2. Stützpunktfeuerwehren und
3. Schwerpunktfeuerwehren.
(2) 1In einer Gemeinde mit bis zu zehn Ortsfeuerwehren sind zur Sicherstellung des überörtlichen Brandschutzes mindestens zwei Ortsfeuerwehren als Stützpunktfeuerwehren einzurichten.
2Bei mehr als zehn Ortsfeuerwehren soll von jeweils fünf Ortsfeuerwehren eine als Stützpunktfeuerwehr eingerichtet werden.
(3) 1In einer Gemeinde mit mehr als 15 000 Einwohnerinnen und Einwohnern soll zur Sicherstellung des überörtlichen Brandschutzes mindestens eine Schwerpunktfeuerwehr eingerichtet werden.

Der Zug

Nach dem Niedersächsischen Brandschutzgesetz ist Zug II eine Schwerpunktfeuerwehr, deren Mindestausrüstung und Mindestpersonalstärke per Verordnung festgelegt werden. Die Feuerwehrdurchführungsverordnungen werden ergänzt durch eine Reihe von Dienstvorschriften.

FwDV 3 etwa regelt, wie die taktischen Einheiten, nämlich selbstständiger Trupp, Staffel, Gruppe und Zug, im Löscheinsatz und im Einsatz der Technischen Hilfeleistung zu arbeiten haben. Dabei wird die Gliederung der taktischen Einheiten festgelegt. Die benutzten Begriffe werden auch definiert. So heißt es etwa: »Der Löscheinsatz im Sinne dieser Vorschrift ist jede Tätigkeit, bei der Strahlrohre vorgenommen werden.« Dann folgen ausführliche Erläuterungen, was alles zu einem Löscheinsatz gehört.
Zum Beispiel: »Retten ist das Abwenden einer Gefahr für Menschen oder Tiere durch lebensrettende Sofortmaßnahmen, die sich auf Erhaltung oder Wiederherstellung von Atmung, Kreislauf und Herztätigkeit richten.« Dabei wird betont: »Die Funktionsbezeichnungen gelten sowohl für weibliche als auch für männliche Feuerwehrangehörige.«
In der FwDV 2 geht es um die Ausbildung, die einen hohen Stellenwert genießt:

> »Diese Feuerwehr-Dienstvorschrift regelt die Aus- und Fortbildung sowie die jeweils erforderlichen **ausbildungsbezogenen** Voraussetzungen für Angehörige von Freiwilligen Feuerwehren.
> Weitergehende Ausbildungs- und Lehrgangsvoraussetzungen,

laufbahnrechtliche Regelungen und ähnliches sind nicht Gegenstand dieser Vorschrift.«

Nicht etwa nach dem Niedersächsischen Brandschutzgesetz, sondern nach dem Niedersächsischen Kommunalverfassungsgesetz sind die Gemeinden für die Unterhaltung der Freiwilligen Feuerwehr zuständig. Das bedeutet nicht »Entertainment«, sondern im Wesentlichen die Ausrüstung und Organisation der Feuerwehren entsprechend der Feuerwehrdurchführungsverordnung. So gibt es für die Freiwillige Feuerwehr Buxtehude eine Satzung.

»Aufgrund des § 10 des Niedersächsischen Kommunalverfassungsgesetzes (NKomVG) vom 17.12.2010 (Nds. GVBl. S. 576), zuletzt geändert durch § 4 des Gesetzes vom 12.11.2015 (Nds. GVBl. S. 311) und der §§ 1 und 2 des Niedersächsischen Brandschutzgesetzes (NBrandSchG) vom 18.07.2012 (Nds. GVBl. S. 269), zuletzt geändert durch Art. 6 des Gesetzes vom 12.12.2012 (Nds. GVBl. S. 589) hat der Rat der Hansestadt Buxtehude in seiner Sitzung am 21.06.2016 folgende Satzung für die Freiwillige Feuerwehr der Hansestadt Buxtehude beschlossen.«

In 18 Paragrafen werden Organisation, Aufgaben und besonders Personalangelegenheiten behandelt. Die Schwierigkeit liegt zum Teil darin, dass zwischen der Funktion eines Feuerwehrmitgliedes und seinem Dienstgrad unterschieden werden muss. Bei Führungspositionen kann es geschehen, dass jemand aufgrund seiner Ausbildung zwar die Fähigkeit hat, Gruppenführer zu sein (eine Funktion), aber er es deswegen nicht zwingend sein muss.

Eine besondere Einrichtung ist das »Stadtkommando«. Es

unterstützt den Stadtbrandmeister bzw. die –meisterin bei einer Reihe von Vorbereitungs- und Planungsaufgaben – wobei eine Mitwirkung bei Entscheidungen nicht vorgesehen ist.

Die Satzung sieht auch vor, dass die Mitgliedschaft in der Freiwilligen Feuerwehr vom Mitglied gekündigt werden kann. Eine Kündigung durch die Freiwillige Feuerwehr ist nicht vorgesehen. Die Mitgliedschaft in der Einsatzabteilung endet, wenn das Mitglied zu alt oder zu schwach wird. Ein Mitglied kann allerdings aus der Freiwilligen Feuerwehr ausgeschlossen werden, wenn ein wichtiger Grund vorliegt. Der ist auch gegeben, wenn ein Mitglied »innerhalb oder außerhalb der Freiwilligen Feuerwehr durch Äußerungen oder tatsächliche Handlungen zu erkennen gibt, dass es die freiheitlich demokratische Grundordnung nicht anerkennt.«

Womit wir wieder beim Grundgesetz der Bundesrepublik Deutschland wären.

Die Freiwillige Feuerwehr der Hansestadt Buxtehude, und damit auch Zug II, ist auch Mitglied im Kreis Feuerwehrverband Stade e. V., der alle Feuerwehren des Kreises vertritt. Damit verbunden: Zug II gehört zur »Kreisfeuerwehrbereitschaft«, was dazu führt, dass sie in definiertem Umfang für die Nachbarschaftshilfe eingesetzt wird. »Nachbarschaftshilfe« kann bedeuten, dass in Notfällen über den Kreis hinaus geholfen wird. Im Bereitschaftseinsatz wird der Zug II mit einer Gruppe und einem Löschfahrzeug für die Wasserversorgung am Einsatzort eingesetzt. So war Zug II zur Brandbekämpfung des großen Moorbrandes in Meppen 2018 dabei. Auch Auslandseinsätze können zur »Nachbarschaftshilfe«

gehören, 2018 haben Feuerwehren aus Niedersachsen in Schweden geholfen, Waldbrände zu bekämpfen.

Zum Zug II gehört auch die Jugendfeuerwehr Estetal. Auf ihrer Website steht:

>>Auf dieser Seite könnt ihr etwas über die Jugendfeuerwehr Estetal erfahren. Diese wurde 1995 von den Ortswehren Buxtehude Zug II und Ottensen gegründet.

Unsere regulären Dienste finden alle zwei Wochen freitags von 17:30 bis ca. 19:30 Uhr statt. Hier lernen wir z. B. etwas über unsere Fahrzeuge, Hydranten oder Erste Hilfe. Neben diesen Diensten haben wir auch viele Aktivitäten außerhalb unserer Wache, wie zum Beispiel:

Laternenumzüge, Nachtmärsche, Erntefeste, Tannenbaum verbrennen, Wettkämpfe, Erste-Hilfe-Kurse und vieles mehr. Es wird nie langweilig!!!

Eines der Highlights jedes Jahr ist das Sommerzeltlager, in dem wir eine Woche mit unseren Betreuern, Jugendlichen und benachbarten Jugendfeuerwehren zelten fahren. Diese Woche ist natürlich dafür da, viel Spaß zu haben und sich besser kennen zu lernen, aber auch, um uns als Gruppe zu stärken.

Der Erste-Hilfe-Kurs ist jedes Mal wieder ein voller Erfolg. Ulli sieht immer alles ganz locker und ist für jede Frage offen. Für schwache Nerven sind einige Situationen und Bilder jedoch nicht.

Wir würden uns auf jeden Fall freuen, wenn ihr Lust hättet, mal bei uns vorbeizuschauen, und vielleicht sogar bei uns eintretet! Wir sind Neuem gegenüber ganz offen, also wenn ihr Lust habt, kommt doch einfach mal vorbei.<<

So sieht das >>analoge<< Feuerwehrleben von Mitgliedern der

Jugendfeuerwehr aus. Einige allerdings beschäftigen sich mit einer Feuerwehr, wie sie in einigen Jahren im Zeichen von Digitalisierung und Künstlicher Intelligenz aussehen wird, wenn Roboter, autonom fahrende Autos, Training im Simulator und Drohnen die Arbeit mitgestalten. Ein Abend, an dem das schon mal Thema ist:

Programm
Workshop Feuerwehr 4.0. Zug II Neo.
- Ankommen
  ○ Geräteaufbau
  ○ Beantwortung von dringenden W-Fragen
- Vorstellung
  ○ Jugendwehr
  ○ Referent als »Experte«
- Impulsreferat
  ○ Digitalisierung
  ○ Feuerwehr 4.0
- Gruppenbildung
  ○ Ausrüstung
  ○ Organisation
- Aufgabenverteilung
  ○ Recherchen
  ○ Träume und Möglichkeiten, Leistung/Kosten
- Vorstellung von Arbeitsergebnissen
- Feedback
  ○ Gruppen
  ○ Beobachter/Referent/Jugendwart

Mitglied der Feuerwehr

»Muss man bescheuert sein, um bei der Freiwilligen Feuerwehr dabei sein zu können?«

»Nein, aber es hilft.«

Wer sich mit der Organisation, den Anforderungen und Pflichten der Freiwilligen Feuerwehr befasst, kann schnell zu der Erkenntnis gelangen, dass es sich um eine Elitetruppe handelt. Damit liegt man wahrscheinlich gar nicht falsch – oder doch, da die Mitglieder von Zug II kaum auf die Idee kommen, einer Eliteeinheit anzugehören.

Die Satzung der Freiwilligen Feuerwehr der Hansestadt Buxtehude sagt es deutlich:

> »(1) Für den Einsatzdienst gesundheitlich geeignete Einwohnerinnen und Einwohner der Hansestadt, die das 16. Lebensjahr, aber noch nicht das 63. Lebensjahr vollendet haben, können Mitglieder der Einsatzabteilung der Freiwilligen Feuerwehr werden. Bei Minderjährigen ist die schriftliche Einwilligung der Erziehungsberechtigten erforderlich.«

Weiterhin heißt es:

> »(2) Aufnahmegesuche sind schriftlich an die für den Wohnsitz zuständige Ortsfeuerwehr zu richten.«

Später wird ausgeführt:

> »(3) Über die Aufnahme in die Einsatzabteilung entscheidet das Ortskommando gemäß § 6 Abs. 2 dieser Satzung. Die Ortsbrand-

meisterin oder der Ortsbrandmeister hat die Stadtverwaltung über die Stadtbrandmeisterin oder den Stadtbrandmeister vor der Bekanntgabe der Entscheidung über den Aufnahmeantrag zu unterrichten, soweit die Stadtverwaltung darauf nicht generell verzichtet hat.«

Schließlich:
»(4) Nach erfolgreicher Ausbildung und einwandfreiem Verhalten im Dienst beschließt das Ortskommando über die Bewährung der Probezeit (→ § 7 Abs. 1 und 2 FwVO).«

Bei der endgültigen Aufnahme ist folgende schriftliche Erklärung abzugeben:
»Ich verspreche, die freiwillig übernommenen Pflichten als Mitglied der Freiwilligen Feuerwehr pünktlich und gewissenhaft zu erfüllen und gute Kameradschaft zu halten.«

Klingt im Grunde ganz einfach. Stimmt so aber nicht ganz. Die Probezeit dauert ein Jahr, sie erfordert den vollen Einsatz. Dazu gehört unter anderem eine theoretische Schulung. Im Teil 1 werden 70 Stunden Unterricht mit dem Ziel erteilt, dass der zukünftige »Truppmann« unter Anleitung alle nötigen Arbeiten im Löschdienst und der Technischen Hilfeleistung verrichten kann. Im Teil 2 erfolgt dann die Vertiefung. Nach 80 Stunden Unterricht sollen die notwendigen Arbeiten selbstständig durchgeführt werden können. Die Grundausbildung erfolgt für den Teil 1 im Schulungsraum des Zuges II für alle Feuerwehren der Hansestadt.
Parallel zur theoretischen Ausbildung erfolgt die praktische. Sie besteht durchaus in einem »Training on the Job«, wobei

der jeweilige Gruppenführer ein besonderes Auge auf den, so heißt er, »Feuerwehranwärter« hat.

Die Ausbildung ist nicht nur wissens- und sachbezogen, sondern bezieht sich auch auf

»Lernzielstufen im Gefühls- / Wertebereich

Die Aus- und Fortbildung in der Feuerwehr muss geprägt sein von der Achtung und Wertschätzung des Lebens, der Umwelt und von Sachwerten, dem vorbildhaften Verhalten und Auftreten insbesondere in Verbindung mit der Wahrnehmung hoheitlicher Aufgaben, der gegenseitigen Rücksichtnahme, der Pflege der Gemeinschaft und dem verantwortungsvollen Umgang mit den anvertrauten Fahrzeugen und Geräten.«

Nach einem Jahr erfolgen die theoretische und praktische Prüfung. Werden sie bestanden, wird aus dem Feuerwehranwärter ein Truppmann. Der kann selbstverständlich auch weiblich sein. Zug II trifft keine Unterscheidungen.

Ein Truppmann im Dienst ist verpflichtet, ihm erteilte Befehle zu wiederholen und umgehend, entsprechend der Ausbildung, auszuführen. Befehle können ihm alle Mitglieder geben, wenn sie eine entsprechende Funktion ausüben. Die wird durch das Wort »Führer« gekennzeichnet (Truppführer, Gruppenführer, Zugführer). Dem Betrachter fällt auf, dass die Feuerwehr fast so viele »Häuptlinge« wie »Indianer« aufweist.

Ein Mitglied der Freiwilligen Feuerwehr kann durchaus eine »Karriere« anstreben. Für die nächsthöheren Dienstgrade genügt eine regelmäßige Beteiligung am Dienst und der Ablauf von Dienstjahren. Für Führungspositionen sind darüber hinaus spezielle Lehrgänge und eine entsprechende Erfahrung notwendig. Für alle Mitglieder werden eine Reihe von technischen Lehrgängen empfohlen, etwa die Ausbildung zum Atemschutzträger oder die zu Maschinisten. Die Ausbildung zum Atemschutzträger ist beinahe obligatorisch, da nicht nur bei Bränden, sondern zunehmend auch im Bereich der Technischen Hilfeleistung zumindest der Angriffstrupp mit Atemschutzgeräten (PA) ausgerüstet sein muss.

Ein »Maschinist« ist der notwendige Techniker eines Hilfeleistungslöschfahrzeuges oder Tanklöschfahrzeuges. Allerdings wird er nicht zum Lkw-Fahrer ausgebildet, den Führerschein muss er mitbringen. Was dann erfolgt, ist eine umfassende Ausbildung im Bereich »Mechatronik« – immerhin umfasst die Ausrüstung eines modernen Feuerwehrfahrzeuges mechanische, hydraulische, elektrische und elektronische Geräte. Für deren einwandfreies Funktionieren sind der Maschinist, der Gerätewart und nicht zuletzt der Zugführer verantwortlich.

Im Zug II wird praktisch gedacht. Zunächst muss ein Mensch, der Mitglied der Feuerwehr werden will, Mut zeigen. Nämlich sich erkundigen, wann ein Übungsabend stattfindet, dort hingehen, sich vorstellen und fragen, ob eine Chance besteht, mitzumachen.

Die Antwort heißt wahrscheinlich: »Jo, wenn du die Truppmann-Prüfung bestehst.« Also ist man schon mal »Anwärter« und tut gut daran, zunächst alle, wirklich alle, Übungsabende, ein bis zweimal pro Woche, zu besuchen. Dabei lernt ein Anwärter schon viele neue, häufig technische, Dinge. Nach ein paar Wochen erfolgen dann die Einkleidung und Zuteilung eines Spindes im Gerätehaus. Wer das geschafft hat, darf schon stolz sein!

Als Nächstes folgt der Start eines Lehrganges, ebenfalls ein bis zweimal in der Woche, sonnabends ganztägig, gute sechs Wochen lang. Das ist der Grundlehrgang Truppmann 1. Es wird Theorie gepaukt: Recht, Unfallverhütung, Löschangriffe, Leiterkunde, um nur einige Themen zu nennen. Ein Kurs »Erste Hilfe« wird eingeschoben.
Der praktische Teil der Ausbildung findet unabhängig vom Wetter statt, meistens am Wochenende. Wenn es, wie im Sommer 2018, richtig heiß ist, kommt der Anwärter der Realität etwas näher. Zunächst gilt allerdings das Formale, wie Antreten, Kommandos verstehen, Befehle umsetzen, so oft zu üben, dass es fast automatisch läuft. Das gilt auch für Löscheinsätze: Saugleitung koppeln, entkoppeln; Angriff mit B-Rohr; Angriff »Bereitstellung« mit 2 C-Schläuchen und Schaumrohr usw. usw. Schläuche müssen ausgeworfen, wieder aufgerollt werden – das Ganze unter der Überschrift »Wasserversorgung« – und geübt, bis das eigene Wasser in den Stiefeln steht. Erholungspause? Kaum, das Feuer wartet nicht. Vielleicht mal zwischendurch auf das Dach des Fahrzeugs, dort die Steckleiter zu lösen, dabei etwas durchlüften. Nach so einem Übungstag sitzt der »Anwärter« abends meist recht k. o. auf seinem Sofa, als Unterhaltung dient manchmal nur die Nörgelei von Freunden oder der Verwandtschaft, wann wieder mit einem normalen Familienbetrieb zu rechnen sei. Wie dem auch sei, Schlafprobleme gibt es nicht.

Während der Ausbildungskurse lernt der Neuling die Kameraden im Zug II kennen. Die sind unterschiedlichen Alters, das »Jungvolk«, wenn es zum Beispiel aus der Jugendfeuerwehr kommt, ist gerade 16 Jahre alt. Wie heißt es am Ende: »Gemeinsam gelitten, gelaufen, geschwitzt und gelacht!« Zum Schluss ist dann die Prüfung zu bestehen, deren praktischer Teil von »hochdekorierten Persönlichkeiten«, zumindest dem Ortsbrandmeister, abgenommen wird. Nach bestandener Prüfung wird in einem Gerätehaus der beteiligten Ortsfeuerwehren gefeiert – durchaus auch mit hochentzündlichen Flüssigkeiten (nicht für Jugendliche unter 18 Jahren!).

Bei der nächsten Hauptversammlung erfolgt schließlich die Ernennung zur Feuerwehrfrau oder zum Feuerwehrmann. Das bedeutet zumindest eine entsprechende Kennzeichnung auf der Uniform, im Wesentlichen aber die Verpflichtung für weiteres Lernen – etwa der Kurs zum »Funker«, oder Weiterbildung im Bereich der Technischen Hilfeleistung. Ach so, und nicht zu vergessen: die laufenden Einsätze, im Schnitt drei pro Woche.

Zug II als große Familie? Sicher nicht, ein Blick auf die Familiendramen im TV-Programm zeigt, warum nicht. Alle haben einen Willen, eine Aufgabe. Die Gewissheit, sich in jeder Lage auf die anderen verlassen zu können. Die Fähigkeit, entsprechend ihrer Funktion zum Gelingen von Einsätzen beizutragen – auch weil die anderen sich auf sie verlassen. Aus der menschlichen Nähe entstehen dann auch Freundschaften, manchmal mehr. Schließlich gibt es den Zugführer. Er trägt die Gesamtverantwortung, sowohl für die

Geräte und Fahrzeuge als auch für das Wohlergehen der Mitglieder seines Zuges. Das kann nur geschehen, wenn er sich darauf verlassen kann, dass seine Anweisungen und Befehle sofort und ohne Widerspruch umgesetzt werden. Diese Befehlskompetenz gilt nur im Falle eines Einsatzes.
»Bei mir seid ihr immer im Einsatz!«
Zug II eben.

112

Was passiert eigentlich, wenn man 112 wählt? Gute Frage. Gegenfrage. Warum wählt man 112?
»Weil der Wählende Hilfe benötigt. Oder weil jemand glaubt, dass jemand Hilfe braucht. Oder weil ein Feuermeldegerät anschlägt. Kann auch sein, dass jemand findet, 112 zu wählen, bereichere eine Party.«
Beim Wählen der »112« – wo auch immer in Europa – gibt es kein Freizeichen, sondern es meldet sich ein »Disponent«, ein »Anrufentgegennehmer«. Der fragt dem Anrufenden zunächst einmal ein »Loch in den Bauch« – er will wissen, wo der Ort des Notfalls ist, ob Personen in Gefahr sind, Einzelheiten der Örtlichkeit, der Wahrnehmung.
Dabei ist der Disponent es gewohnt, auch unpräzise Antwort zu erhalten. Die Aussage »Es riecht hier verdammt nach Qualm« wird durchaus als Brandmeldung interpretiert. Während der Anrufer langsam nervös wird, hat der Disponent längst geschaltet. Bei einem Brand entscheidet er über die

Art der Alarmierung, den Einsatz von Ressourcen und die Alarmierung der Feuerwehr weiterer Rettungskräfte.

Im Brandfall wird zum Beispiel Zug II alarmiert, am Tage gleichzeitig der Zug I, damit sichergestellt ist, dass genügend Personal am Einsatzort eintrifft. Je nach Sachlage erfolgt die Alarmierung weiterer Ortswehren zur Unterstützung. Gleichzeitig werden Rettungsdienst und Polizei alarmiert. Der Rettungsdienst ist rund um die Uhr einsatzbereit und häufig zuerst am Unfallort. Er kann zwar nicht löschen, jedoch Personen aus dem Gefahrenbereich bringen, wenn notwendig Erste Hilfe leisten.
Die Alarmierung erfolgt bei der Freiwilligen Feuerwehr über sogenannte Pieper (die wirklich nervtötend piepen). In Stichworten erscheint meist auch die Art des Einsatzes. Eine Kopie des Einsatzes gibt es auf dem Monitor im Gerätehaus. Die Mitglieder der Einsatzabteilung lassen alles stehen und liegen – Ehefrau, Freundin, Kinder, Mittagessen. Wie besessen streben sie zum Gerätehaus, dort zu ihrem Schrank, hinein in die Einsatzhose und die Einsatzstiefel. Zug II ist stolz darauf, dass in den ersten fünf Minuten nach der Alarmierung das HLF 20, das Hilfeleistungslöschfahrzeug, einsatzfähig ist. Das sind immerhin neun Feuerwehrleute. Zug II hat in der Einsatzabteilung durchaus »schnelle Brüter«, auch »Heißdüsen« genannt, die darauf brennen, sich im Angriffstrupp zu bewähren. Zugführer und Gruppenführer kennen sie und achten durchaus auf einen kontrollierten Einsatz.
Während der Fahrt zum Einsatzort bereiten sich die Einsatzkräfte so weit wie möglich auf die anstehenden Aufgaben vor – meist gibt es über die Alarmierung hinaus detaillierte

Hinweise auf die Art und den Umfang des Notfalls. Adrenalinstöße, vielleicht auch ein Gefühl von Angst oder Unsicherheit, dieses »Nichtwissen, was einen erwartet« beschäftigt alle im Fahrzeug. Es ist der Fall, wenn »Feuer groß« oder »VU schwer« gemeldet wurde. Etwas entspannender gestaltet sich die Anfahrt, wenn es sich um eine einfache »Technische Hilfeleistung« handelt, etwa das Öffnen einer Wohnungstür, weil der Bewohner seinen Schlüssel verloren hat. Dazu können auch »Einsatz am Krankenhaus«, »Technische Hilfeleistung klein«, »Dachplatten lösen sich im Sturm« gehören. Spannend wird es dann doch, wenn man im Sturm auf das Dach muss.

Während der Fahrt zum Einsatzort bereiten sich Angriffstrupp, Wassertrupp und Schlauchtrupp auf den Einsatz vor. Vor allem gilt es, die Pressluftatmer (PA) anzulegen und auf Dichtigkeit der Atemmasken und vorschriftsmäßigen Druck zu prüfen. Der Gruppenführer erhält eine kleine Marke, die besagt, dass ein bestimmter PA von einem Truppmitglied angelegt wurde. Bei Beginn des Einsatzes (wenn das Gerät mit den Luftflaschen verbunden wird) erfolgt ein Eintrag in das Protokoll. Neben dem PA-Träger ist der Gruppenführer dafür verantwortlich, dass die Luftmenge nicht nur für den Löscheinsatz, sondern auch für eine gefahrlose Rückkehr ausreicht. Sicherheit als Prinzip.

Das war es

Im Jahre 2018 feierte der Zug I der Freiwilligen Feuerwehr Buxtehude sein 150. Jubiläum. Das gab Anlass zum Nachdenken beim Kommando des Zuges II. »Nächstes Jahr sind wir dann an der Reihe.« Etwas mehr als das Faltblatt des Zuges I sollte es schon sein. Vielleicht eine kleine Festschrift, so etwa zehn Seiten, könnte man wohl stemmen. Kamerad Vogt wurde beauftragt, das Projekt »zu betreuen«. Er wandte sich an den Heimat- und Geschichtsverein, die hatten doch Ahnung, was die Publizierung von Büchern betraf. Dort hatte man andere Sorgen, verwies auf ein Mitglied – »der schreibt doch Bücher«. Kamerad Vogt sprach sofort Thomas P. an, bedankte sich für die Bereitschaft zu schreiben.

»Zehn Seiten? Nach Abzug von sechs Seiten Grußworten, zwei Seiten Gruppenfotos und zwei Seiten Fotos von einem Brand bleibt da doch nichts – wenn schon, dann ein richtiges Buch.«

Die fatale Aussage eines Laien, der nicht das Geheimnis des Zuges II kannte.

»Interessant, dann machen Sie mal ein Konzept, das können wir dem Kommando vortragen.«

Tag der Vorstellung. Der zukünftige Autor näherte sich dem Gerätehaus. Gewitterböen ergaben ein passendes Umfeld. Menschen kamen herbeigelaufen, grüßten freundlich, zogen sich in Windeseile Einsatzkleidung an und fuhren davon.

»Literatur ist hier anscheinend nicht gefragt.«

Zwei Stunden später war der Einsatz beendet, »kleine TH, Baum auf Straße«, hieß es zur Erklärung.

Kurze Vorstellung der Person, Darlegung des Konzeptes. Beifälliges Nicken.

»Denn man tau!«

Jede mögliche Unterstützung zugesagt – vorwiegend an Wochenenden.

»Wir sind ja alle voll in Arbeit, und die Abende benötigen wir für Schulungen und Übungen.«

Die Vorführung der Technik war imponierend und anstrengend. Nach zweieinhalb Stunden machte der Autor schlapp.

»Man ist eben nicht mehr 80.«

Die Menschen stehen im Zug II im Vordergrund. Über die sollte geschrieben werden – ein Manko der üblichen Festschriften.

»Und wie stellen Sie sich das vor? In der Einsatzabteilung haben wir mehr als 50 Leute.«

Tja, also Auswahl. Neutral, bitte.

»Nach Gewicht? Objektiver Maßstab.«

Es wurde eine praktische Lösung gefunden. Interviews. Thema:

»Was mich während meiner Feuerwehrzeit besonders bewegt hat.«

Die Interviews der 20 ausgewählten Mitglieder erfolgten im Schulungsraum des Gerätehauses, dauerten 10 bis 15 Minuten und ergaben 20 unterschiedliche Aussagen – sachlich die einen, durchaus emotional andere, aber immer mit starkem Bezug zum Zug II als menschliche Gemeinschaft.

»Ich gehöre einfach dazu, kann mich auf die anderen verlassen, wir brauchen keine großen Worte, kaum Befehle, meistens wissen wir, was zu tun ist.«

Manchmal kann der Eindruck aufkommen, die Mitglieder von Zug II wären vom Geheimdienst geschult, wie man sich bei Verhören zugeknöpft verhalten soll (nur Namen und Dienstgrad preisgeben). Wobei der Dienstgrad im Zug II eine untergeordnete Rolle spielt – er spiegelt im Wesentlichen das Maß der Erfahrung wider.

Die Geschichten. Ursprünglich sollten es Berichte von realen Einsätzen werden. Sauber dokumentiert, »wie es die Feuerwehrdienstvorschrift fordert«. Im Gestrüpp der Datenschutzgesetze und -Verordnungen konnte das nicht umgesetzt werden. Also war der Autor gefragt – umso mehr, als es auch um Gedanken und Gefühle, nicht nur um Handlungen ging. Wobei das »Drumherum« die Einsätze prägt. Häufig wird vergessen, dass ein Ende des Einsatzes vor Ort nicht Ende des Dienstes ist. Das Aufräumen, Säubern, Instandsetzen nimmt erhebliche Zeit in Anspruch. Zug II ist stolz darauf, dass innerhalb kürzester Zeit nach einem Einsatz wieder volle Einsatzbereitschaft für Technik und Menschen gegeben ist.

Die Technik. Mit dem HLF 20 hat Zug II ein hochmodernes »Hilfeleistungslöschfahrzeug«, mit dem fast jede Art von Gefahrenbekämpfung geleistet werden kann. Auch die übrigen Fahrzeuge sind so ausgerüstet, dass wenig Wünsche übrig bleiben. Eine Drehleiter ist der Traum aller Mitglieder – es gibt ja auch Hochhäuser im unmittelbaren Einsatzbereich.

Neben den Fahrzeugen spielen die Geräte als Teil der Ausrüstung eine erhebliche Rolle. Das Halligan-Tool erfreut sich besonderer Beliebtheit, es wird sowohl bei Löscheinsätzen wie bei der Rettung von Personen aus eingeklemmten Fahrzeugen erfolgreich eingesetzt.

Ein besonderes Kapitel ist die Organisation von Zug II. Die gibt es, wird auch befolgt, wo zwingend gefordert oder praktisch sinnvoll. Sie ist formal festgelegt in Gesetzen, Verordnungen, Vorschriften und Satzungen. Für den Betrachter sind drei Aspekte interessant: die Einstufung in die Struktur der Freiwilligen Feuerwehren des Landes, die innere Organisation des Zuges und seiner Mitglieder sowie die Ablauforganisation, wenn ein Bürger in Not gerät (bzw. glaubt, in Not zu sein) und 112 anruft. Hier gilt die Antwort, die man erhält, wenn man nach dem Ablauf eines Einsatzes fragt: »Es kommt drauf an. Jeder Einsatz läuft anders ab. Obwohl, viel geschieht auch fast automatisch – in einer bewährten Routine, die insbesondere darauf eingerichtet ist, Zeit zu sparen. Wobei im Hintergrund immer die Sicherheit der Einsatzkräfte eine erhebliche Rolle spielt.

Das Wesen von Zug II? Aus Sicht seiner Mitglieder sind sie ein »ganz normaler Zug«. Die üblichen Klischees und Bezeichnungen passen nicht. Ein Hochleistungsteam sind sie vielleicht, aber für den eigentlichen Begriff zu viele Mitglieder. Eine Familie? Kaum, obwohl sich alle sehr heimelig in der Gemeinschaft fühlen, aufgehoben und akzeptiert. Aber sie sind mehr als eine Familie, das gemeinsame Ziel, die gemeinsame Aufgabe schweißen sie zusammen. Das würde auch auf einen Verein passen – aber um einen Verein handelt es sich bestimmt nicht.

Bleibt, dass Zug II eine Gemeinschaft ist, die Tradition mit Moderne verbindet. Traditionell ist das Leben von Begriffen wie Zuverlässigkeit, Hilfsbereitschaft, Kameradschaft, Disziplin. Modern ist der Umgang mit neuester Technik, das immerwährende Lernen, die umfassenden Erfahrungen, auch mit sehr komplexen Situationen umgehen zu können. Nicht zu vergessen eine Führung die klar sagt, »wo es lang geht«, und als Vorbild entsprechend handelt.

Wer Zug II erkundet, stellt fest, der Zug hat eine Seele. Die erfährt jedoch nur, wer im Zug II lebt.

Zug II bedankt sich

Viele Freunde des Zuges II haben dieses Buch mit Textbeiträgen bereichert. Dazu gehören auch Grußworte. Mit denen ist es so eine Sache. Sie sollen den Gegrüßten als auch den Grüßenden im rechten Lichte darstellen, edle Worte sind gefragt.

Entsprechend gibt es ein Grußwort der Bürgermeisterin, artig formuliert von ihrem Pressesprecher und voll eingehend auf die Belange des Zuges II. Eben das Grußwort der offiziellen Dienstvorgesetzten. Über diese Zeilen hinweg weiß man im Zug II, wie viel diese Dienstherrin für den Zug II getan hat. Insbesondere die hohen Beträge für die Investitionen im Rahmen eines angespannten Budgets »lockerzumachen«, kann eine nervenaufreibende Aufgabe werden. Zug II dankt der Dienstherrin für ihren Einsatz!

Feuerwehr Buxtehude-Altkloster Zug II

Liebe Feuerwehrkameradinnen und -kameraden,

die Freiwillige Feuerwehr der Hansestadt Buxtehude, Ortswehr Buxtehude Zug II, feiert in diesem Jahr ihr 125-jähriges Bestehen. Ich gratuliere Ihnen herzlich im Namen von Rat und Verwaltung der Hansestadt Buxtehude sowie auch persönlich zu diesem besonderen Ereignis.

Überall dort, wo Menschen Hilfe brauchen, wo Leben in Gefahr ist, wo Hab und Gut geschützt oder Folgen von Unglück oder Katastrophen beseitigt werden müssen, sind Sie zur Stelle. Sie übernehmen stets Verantwortung – und das seit 1894.

125 Jahre ist es nun her, dass 35 Männer die Freiwillige Feuerwehr Altkloster gegründet haben. Mittlerweile sind es 49 Aktive; sogar eine Jugendfeuerwehr ist selbstverständlicher Teil Ihrer Wehr, die seit der Eingemeindung Altklosters 1931 als Zug II an die Freiwillige Feuerwehr Buxtehude angegliedert ist. Weder Selbstbewusstsein noch Selbstständigkeit haben darunter gelitten. Im Gegenteil: Idealismus und Einsatzbereitschaft zeichnen Sie aus. Stets technisch gut ausgestattet, immer auf bestem Ausbildungsstand sind Sie rund um die

Uhr bereit, bei Einsätzen auch Risiken für den eigenen Leib und das eigene Leben in Kauf zu nehmen. Diese Haltung zeugt von großem Bürgersinn.

Damals wie heute wird die Feuerwehr von Freiwilligen getragen. In den 125 Jahren sind unzählige Stunden im Einsatz, aber auch in den Diensten, der Aus- und Weiterbildung geleistet worden. Ihr Engagement ist ein leuchtendes Beispiel dafür, was Verantwortung für das Gemeinwesen bedeutet.

Das zeigt sich auch bei der Ausbildung junger Menschen: Die Jugendfeuerwehren belegen einerseits, wie wichtig Ihnen Nachwuchsarbeit, und andererseits, wie verankert die Feuerwehr in unserer Stadtgemeinschaft ist. Deswegen sind wir sicher: Wir können uns auf Sie verlassen. Und auch Sie wissen, dass Sie sich aufeinander verlassen können. Ihr Engagement ist geprägt von Kameradschaft und Teamgeist, der Ansporn und Belohnung zugleich ist.

Ihren Familien gilt besonderer Dank, die das Engagement und die Leidenschaft für das Feuerwehrwesen mittragen, ebenso all den Arbeitgebern, die ihre Mitarbeiter für den Dienst freistellen. Ich wünsche Ihnen, dass Sie bei Ihren Einsätzen von Unfällen und Schaden verschont bleiben und dass Sie uns auch weiterhin tatkräftig zur Seite stehen.

Ihre Katja Oldenburg-Schmidt
Bürgermeisterin

Buxtehude, im März 2019

Grußworte der Orts-, Stadt- und Kreisbrandmeister gehören zu Jubiläen der Freiwilligen Feuerwehr. Es gibt Vorlagen, die aus Datenbanken abgekupfert werden können. An bezeichneten Stellen erfolgt dann eine gewisse Individualisierung. Das ist die eine Seite. Die andere: Mario Stöppeler, Zugführer von Zug II, kennt seine »Vorgesetzten« persönlich gut, sie duzen sich, streiten auch mal (Mario ist dabei nicht unbedingt zartfühlend), aber im Grunde arbeiten sie gut zusammen, helfen einander, und jeder weiß, was er vom anderen hat.

GRUSSWORT

Die Freiwillige Feuerwehr Buxtehude-Altkloster Zug II kann im Jahr 2019 auf ihr 125-jähriges Bestehen zurückblicken.

Vor 125 Jahren haben sich beherzte Männer ihres Ortes zusammengefunden, um das Leben, Hab und Gut des Nächsten gemeinsam gegen drohende Brandgefahren freiwillig, uneigennützig und selbstlos zu retten und zu schützen. Dies sind die Ideale unserer Freiwilligen Feuerwehren, die bis zum heutigen Tag Hochachtung und Anerkennung in der Öffentlichkeit finden.

Der Freiwilligen Feuerwehr Buxtehude-Altkloster Zug II und ihren Bürgern gratuliere ich zu ihrem 125-jährigen Jubiläum ganz herzlich und entbiete die herzlichsten Grüße und Glückwünsche als Kreisbrandmeister im Namen aller Feuerwehren des Landkreises Stade.

Möge auch in der Zukunft der Wert der freiwilligen Nächstenliebe immer in den Herzen der Bürger bewusst sein und in der Mitgliedschaft in der Freiwilligen Feuerwehr sichtbar bleiben.

Kameradschaftlicher Zusammenhalt sowie eine gute technische Ausbildung und Ausstattung sollen die Frauen und Männer der Wehr auszeichnen und sie in die Lage versetzen, jeden Einsatz mit Erfolg zu beenden und sie gesund heimkehren zu lassen.

Den Jubiläumsveranstaltungen der Freiwilligen Feuerwehr Buxtehude-Altkloster Zug II wünsche ich einen guten Verlauf und versichere ihnen die Verbundenheit aller Feuerwehren des Landkreises Stade.

Der Freiwilligen Feuerwehr Buxtehude-Altkloster Zug II und allen Bürgern von Buxtehude-Altkloster wünsche ich eine glückliche Zukunft, getreu unserem Wahlspruch:

»Gott zur Ehr – dem Nächsten zur Wehr«

Peter Winter
Kreisbrandmeister

dem Stadtbrandmeister

Die Freiwillige Feuerwehr Hansestadt Buxtehude Ortsfeuerfeuerwehr Buxtehude Zug II feiert im Jahre 2019 ihr 125-jähriges Jubiläum. Hierzu gratuliere ich im Namen der gesamten Feuerwehren der Hansestadt Buxtehude und natürlich auch in meinem Namen recht herzlich. Ich spreche den Kameradinnen und Kameraden Dank und Anerkennung für die geleistete Arbeit aus.

Vor 125 Jahren haben sich aufrechte Bürger der ehemaligen Ortschaft Altkloster zusammengefunden, um das Leben, Hab und Gut des Nächsten gemeinsam gegen die Feuersbrunst uneigennützig und selbstlos zu schützen. Diese Gedanken und diese Ziele der Freiwilligen Feuerwehren finden in der Öffentlichkeit damals und heute hohe Anerkennung und Hochachtung.

Aus der vor 125 Jahren gegründeten Freiwilligen Feuerwehr ist heute eine moderne »Hilfeleistungs- und Feuerwehr« geworden, getreu dem Motto der Feuerwehren »Retten, Löschen, Bergen, Schützen«. Damals und heute besteht eine freiwillige Feuerwehr aus freiwilligen ehrenamtlichen Kameradinnen und Kameraden, die ihre ganze Kraft zum Wohle der Bevölkerung einsetzen.

Der Dank der Bevölkerung und mein Dank und meine Anerkennung gelten den Kameradinnen und Kameraden des zweiten Zuges der Ortsfeuerwehr Buxtehude für die ständige Bereitschaft, sich in der Freizeit ehrenamtlich der Schulung und Ausbildung in kameradschaftlicher Weise zu stellen.

Bedanken möchte ich mich auch bei Rat und Verwaltung der Hansestadt Buxtehude für die bereitgestellten Mittel, um eine schlagkräftige Feuerwehr aufzustellen. Hier sind in jüngster Zeit erhebliche Mittel für die Feuerwehren geflossen.

Dank sage ich auch den Familienangehörigen für das Verständnis und die Toleranz und die Bereitschaft, das Ehrenamt der Angehörigen zu begleiten.

Dem zweiten Zug der Ortsfeuerwehr Buxtehude wünsche ich für das Jubiläumsjahr und die Feierlichkeiten alles Gute und viel Erfolg. Weiterhin wünsche ich euch für alle noch zu leistenden Einsätze stets eine gesunde Rückkehr zu euren Familien

»Gott zur Ehr – dem Nächsten zur Wehr«

Horst Meyer
Stadtbrandmeister

Grußwort des Ortsbrandmeisters

Zum 125. Jubiläum gratuliere ich den Kameraden und Kameradinnen vom II. Zug meiner Ortsfeuerwehr sehr herzlich! 125 Jahre sind nicht nur einfach ein Zeitabschnitt, sondern für sie eine Geschichte mit vielen Ereignissen, Herausforderungen und Umbrüchen.

Der Gründung im Jahr 1894 als Freiwillige Feuerwehr Altkloster folgte der Aufbau: die Ausbildung der Feuerwehrleute, die Beschaffung der Pumpe und der Bau eines Gerätehauses.

Dann musste die Feuerwehr auch »am Leben« erhalten werden. Das heißt – früher wie heute– immer wieder Mitglieder und Führungskräfte zu finden, Fahrzeuge zu beschaffen, noch mal ein Gerätehaus zu bauen. Das heißt, neue Gesetze und zusätzliche Vorschriften einzuhalten, andere Gefahren und Einsatzlagen zu bewältigen.

Dazu kamen noch die Auswirkungen der Kommunalpolitik, so als im Jahre 1931 der Anschluss der Gemeinde Altkloster an die Stadt Buxtehude stattfand. Der Buxtehuder Bürgermeister wollte die Freiwillige Feuerwehr Altkloster aus dem Grunde gleich mit auflösen. Das ließen sich die Feuerwehrleute aber nicht gefallen und so ging es als Feuerwehr Buxtehude West durch die dreißiger und vierziger Jahre.

In der Nachkriegszeit machte man als Freiwillige Feuerwehr Altkloster weiter, bis dann auf den Hauptversammlungen der beiden Feuerwehren im Januar 1954 über den Zusammenschluss beraten und abgestimmt wurde. Infolgedessen gab es 1955 die erste gemeinsame Hauptversammlung der nun aus den Zügen I und II bestehenden Freiwilligen Feuerwehr Buxtehude.

Wenn heute die Ortsfeuerwehr Buxtehude Zug II ihr Jubiläum feiert, erkennen wir, dass sie ihre eigene Geschichte bewahrt hat, dass sie ihre eigene Identität erhalten hat. Dazu gehört auch mal eine Tradition, die es eben nur bei ihr gibt …

Doch so ist es nun mal bei der Freiwilligen Feuerwehr allgemein und bei der jeder Ortsfeuerwehr, bei jedem Zug für sich: Sie hat ihre Eigenarten, die einem Außenstehenden schon einmalig vorkommen.

Doch das Wichtigste ist: In der Freiwilligen Feuerwehr Buxtehude Zug II kommen Männer und Frauen zusammen, die ihren Mitmenschen und dem Gemeinwesen der Hansestadt Buxtehude in Notlagen helfen wollen. Es sind Menschen, die sich einbringen und die sich einsetzen, die Verantwortung übernehmen und die anpacken, ohne lange zu reden. Ein Lohn ist nicht so wichtig, gelegentlicher Dank und Anerkennung genügt den meisten schon.

Denn (Zitat Bruno Kreisky): *»Jeder Mensch, der sich für etwas engagiert, hat eine bessere Lebensqualität als andere, die nur so dahinvegetieren.«*

Zum Abschluss übernehme ich die Worte eines meiner Vorgänger, des Ehrenortsbrandmeisters Jürgen Hausmann:

»Für die Jubiläumsfeierlichkeiten wünsche ich den Kameraden der FF Buxtehude Zug II einen harmonischen und fröhlichen Verlauf. Damit verbinde ich die Gewissheit, dass die Wehr auch in Zukunft ihre freiwillig übernommenen Aufgaben meistern wird und immer schnelle, effektive Hilfe leistet.«

Jürgen Meyer, Hauptbrandmeister
Ortsbrandmeister der Freiwilligen Feuerwehr der Hansestadt Buxtehude, Ortsfeuerwehr Buxtehude

Neben den Textbeiträgen erhielt Zug II auch Beiträge zur Finanzierung des Buches. Beträge von zehn Euro bis hin zu hohen dreistelligen Spenden erreichten uns. Die Spender alle aufzuführen, würde den Umfang des Buches sprengen – den Spendern auch nicht nützen. Daher:

Herzlichen Dank allen, die geholfen haben, ohne euch wäre das Buch nicht realisiert worden. Hier ist das Ergebnis:

Wir vom Zug II
Retten, Löschen, Bergen, Schützen